GODEFROI GUILLAUME LEIBNITZ
Sa vie et son œuvre.

CARRIGBOY CLASSICS SERIES

Godefroi Guillaume Leibnitz

❧•❧

Histoire de sa vie & Catalogue de ses ouvrages
par M.L. de Neufville daté de 1734

❧•❧

COMPILÉ PAR
Josette Prichard

CARRIGBOY CLASSICS

First published in 2016 by
CARRIGBOY
Wells, Somerset, England.
www.carrigboy.com
typecarrigboy@btinternet.com

Print edition ISBN 978-1-910388-24-2
ePub/eBook ISBN 978-1-910388-30-3

A CIP catalogue record for this book is available from the British Library.

Cover design and print origination by CARRIGBOY.
Printed by CreateSpace.

GODEFROI GUILLAUME
LEIBNITZ,
Né le 3 Juillet 1646 mort le 14 Novembre 1716.

Godefroi Guillaume Leibnitz
1646–1716

Maison de Leibnitz, Hanovre, Allemagne.

Table des Matières

Foreword

CARRIGBOY CLASSICS SERIES

Welcome to the CARRIGBOY CLASSICS SERIES, a specially chosen series of books drawn from the very best of the World's classical literature.

All of the CARRIGBOY CLASSICS SERIES are professionally re-typeset for quality, consistency and clarity of presentation. A CARRIGBOY CLASSIC title is simultaneously published in traditional print format as well as in the most popular ebook formats, all from the same, newly-set, original and unabridged source material.

CARRIGBOY have been designing and typesetting historical and academic works for over twenty years, and in the CARRIGBOY CLASSICS SERIES you can be assured of the highest professional standards, designed to ensure that the presentation does not obscure the content; that the format is immediately apparent, consistent and clear; and that the reading of a CARRIGBOY CLASSIC is always a taken-for-granted pleasure.

Avant Propos

Cette biographie fait partie d'un projet de publication en cours de préparation et sert d'introduction à l'œuvre de G.G. Leibnitz: *Les Essais de Théodicée sur la Bonté de Dieu, la Liberté de l'Homme, et l'Origine du Mal.*

Nous avons choisit de conserver cette version en Français du début du 18ème siècle, après quelque changements typographiques.

Tomes I et II contiendront les sujets suivants:

Tome I.

1. Préface de M. Leibnitz sur la Théodicée.
2. Discours sur la conformité de la Foi et de la Raison.
3. Mémoires pour service à l'Histoire de la Vie & des Ouvrages de M. Leibnitz, par M. Causat.
4. Essais de Théodicée sur la Bonté de Dieu, la Liberté de l'Homme, et l'Origine du Mal. I. Partie.

Tome II.

1. Essais de Théodicée etc. II. & III. Parties.
2. Abregé de la Controverse réduite à des arguments en forme.

3. Réflexions sur la dispute qui a été agitée entre le Dr. Bramhall, Evêque de Londonderry, et M. Hobbes, touchant la Liberté, la Nécessité et le Hazard.

4. Remarques sur le Livre de l'Origine du Mal, publié depuis peu à Londres.

5. *Causa Dei asserta per Justitiam ejus etc.* La Cause de Dieu, plaidée par sa justice conciliée avec ses autres perfections et toutes ses actions.

M.L. De Neufville

Le chevalier Louis de Jaucourt, né à Paris le 27 septembre 1704 et mort à Compiègne le 3 février 1779, est un médecin, philosophe et encyclopédiste français. Jusqu'en 1736 au moins, il écrit sous le nom de Louis de Neufville.

Homme d'une immense culture, membre des académies de Berlin, de Stockholm et de Bordeaux, Jaucourt compte parmi les plus importants collaborateurs scientifiques de l'*Encyclopédie*. En plus de nombreux articles touchant à la médecine et à la science dans l'*Encyclopédie*, il est également l'auteur d'une *Vie de Leibnitz*, ainsi que d'un grand nombre de mémoires adressés à diverses académies ou sociétés savantes.

À la fin de sa vie, il se retire à Compiègne, où il emploie le jeune Mercier de Compiègne comme secrétaire.

On ne lui connait aucun mariage ni aucune descendance.

La vie

de

Mr. Leibnitz

Naissance de M. Leibnitz en 1646

GODEFROI GUILLAUME LEIBNITZ[1] naquit à Leipzig, Ville du Cercle de la Haute Saxe, riche, marchande et bien peuplée, le 3 Juillet 1646[2] de Frédéric Leibnitz Professeur en Morale et Greffier de l'Université, et de Catherine fille de Guillaume Schmuck, Docteur et Professeur en Droit dans l'Unversité de la même ville. La sœur de sa mère était mariée à Jean Strauchius, secrétaire de la ville de Brunswick, et jurisconsulte célèbre. Il avait encore plusieurs parents parmi les Ministres Lutheriens, et qui par cette raison ne pouvaient pas être entièrement ignorants; de sorte que M. Leibnitz né dans le sein d'une famille de gens de lettres, dut se

---

1 Je suis cette manière d'orthographier le nom de M. Leibnitz, parce qu'elle est conforme à la terminaison des noms propres Allemands. Il est vrai que quand lui-même écrit en Français, il signe ordinairement *Leibniz*, comme j'ai eu occasion de le voir par diverses copies de ses Lettres qui me sont tombées par hazard entre les mains; mais il semble que c'est pour mieux s'accommoder à la prononciation de la langue française qu'il a employé cette orthographe, le signant d'ailleurs en Latin *Leibnitius*, au lieu de *Leibnizius*, qui eût beaucoup mieux rendu le nom de *Leibniz*. Après tout, si je peche dans ma conjecture, ce n'est pas une grande erreur.

2 C'est-à-dire Nouveau Sytle. M. de Fontenelle, qui marque la naissance de M. Leibnitz au 23 de Juin a laissé un peu d'obscurité dans cette date, en n'avertissant pas qu'il suit ici contre sa coutume de V.S. Mrs. les journalistes de Leipzig en assignant la naissance de M. Leibnitz au 23 de Juin V.S. ou au 3 de Juillet N.S., m'ont fait prendre garde à la legère omission de M. de Fontenelle. Je sens mieux que personne combien cette remarque est peu important, aussi ne la fais je que pour prevenir toute confusion.

regarder de bonne heure, comme un homme destiné à la même profession. Ce n'est pas pourtant qu'il n'eût des exemples domestiques qui pouvaient tourner ses vues d'un autre côté, et le porter à prendre le parti des Armes. Paul Leibnitz son grand-oncle avait servi en Hongrie avec assez de distinction, pour mériter que l'Empereur Rodolphe II l'annoblît, et lui accordât les Armoiries, que son arrière-neveu a toujours portées.

Des circonstances particulières, et plus encore une inclination dominante, et des talens qui se déclarèrent de bonne heure, laissèrent suivre sans répugnance à M. Leibnitz une carrière moins brillante en elle-même, mais dans laquelle il a recueilli tant de lauriers, et de si grands honneurs, qu'il n'a jamais dû se repentir d'y être entré. D'ailleurs, sans considérer les glorieux avantages qu'il en retira, disons que quand la profession des Lettres ne donnerait à ceux qui l'embrassent que de simples plaisirs d'esprit; ces plaisirs, qui sont au fond les plus attrayants, les plus doux, les plus honnêtes de la vie, propres en tout temps, à tous ages, et en tout lieux, justifieraient suffisamment le mérite de son choix. Les Lettres[3] (dit l'homme du monde qui en a le mieux connu la valeur) "forment la jeunesse, et réjouïssent les vieillards; elles console dans l'adversité, et elles rehaussent le lustre de la fortune dans la prosperité. Partout elles répandent d'innocents plaisirs, et n'embarassent jamais; la nuit

---

3 Ciceron dans son beau plaidoyé pour Archias, en ces termes; *Studia adolescentiam alunt, senectutem oblectant, secundas res ornant, adversis perfugiam ac solatium præbent; delectant domi, non impediunt foris; pernectant nobiscum, peregrinantur, rusticantur.*

elle nous entretiennent, elles nous desennuyent à la campagne, elles nous délassent dans les voyages."

Son Education.

Le père de M. Leibnitz mourut le 5 Septembre 1652 et le laissa âgé de six ans, avec un bien médiocre, et qu'il fallut partager entre des enfants de différents lits. Il n'était pas encore en état de sentir toute l'étendue de cette perte, dont l'effet le plus ordinaire et le plus triste, est une mauvaise éducation. Par bonheur pour lui, sa mère était une femme de mérite, qui prit soin de lui inspirer tous les sentiments de vertu dont il se trouva susceptible, et qui ne négligea rien pour cultiver les dispositions que l'on découvrit d'abord en lui pour les Sciences.

Elle l'envoya dans l'Ecole qui est connue à Leipzig sous le nom d'*École de Nicolas*, où Jean Horschuchius, et Tileman Bachusius lui enseignèrent les principes de la Langue Latine et de la Langue Grecque. C'est-là à peu près tout ce qu'il apprit et voulut apprendre d'eux; car dès qu'il en sut assez pour entrendre les Auteurs qui ont écrit dans les deux Langues, il résolut de s'affranchir des Exercises puériles, parmi lesquels la jeunesse passe et perd de belles années qu'on pourrait lui faire employer utilement. Les réflexions du jeune Leibnitz, déjà fortes et solides dans un âge où les autres hommes pensent à peine, ou du moins ne pensent qu'à des jeux et à des amusements, lui firent sentir le danger de cette méthode; et malgré les remontrances de ses Précepteurs, gens d'ordinaire fort bornés, et partisans aveugles du chemin battu, il se mit à lire en particulier les Auteurs Classiques de l'une et de l'autre langue, surtout les Histoire de Tite Live, et les Poésies de Virgiles.

Ses Lectures dans sa première jeunesse.

Ainsi M. Leibnitz fit par instinct ce que les Maîtres les plus habiles ont conseillé que l'on fît faire aux autres par raison. L'élégance, la pureté, la noble simplicité de Tite Live, conviennent sans doute à cet âge,[4] pour qui la briéveté de Salluste, et les Oracles de Tacite, si beaux dans un âge plus avancé, sont alors de dangereux modèles. Quant à Virgile, également propre à réchauffer l'imagination glacée des vieillards, et à retenir l'imagination fougueuse des jeunes gens, il convient à tous les âges, et il n'est pas surprenant qu'il ait plu à M. Leibnitz. Il le lut avec tant d'application, il le recommença si souvent, il le grava si profondément dans sa mémoire, qu'il pouvait encore dans sa veillesse en réciter des Livres d'un bout à l'autre. Mrs. les Journalistes de Leipzig[5] ajoutent qu'il profita tellement de cette lecture, qu'il a pu faire en un jour un Poème de trois cent vers, dans lequel il ne s'était pas permis une seule élision. Mais prenons plutôt cette entreprise pour un jeu d'esprit, difficile même si l'on veut, que pour un fruit remarquable de la lecture de Virgile. Il faudrait

---

4 *Quintilian.* libr. 2. *Instit. Orator*, cap. 17.
5 *Acta Eruditorum*, Anno 1717, pag. 323.

certainement être né avec d'étranges dispositions, pour puiser un goût aussi singulier, et j'ose dire aussi bizarre, que l'est celui de ces bagatelles laborieuses, dans des Poèmes dont l'Auteur est principalement admirable par le mépris constant qu'il a fait de tout ce qui n'était pas solidement beau.

Il entre à l'Académie à l'âge de 15 ans.

À peine M. Leibnitz eut-il atteint l'âge de quinze ans, qu'il commença son cours d'Études Académiques sous Jaques Thomasius[6], et Jean Kuhnius, l'un Professeur en Philosophie, et l'autre en Mathématiques, dans l'Université de Leipzig. Il connut bientôt la différence qu'il y avait entre ces deux hommes, et les Maîtres sous la discipline desquels il avait passé son enfance.

Caractère de Thomasius son Maître.

Thomasius était un de ces hommes rares, qu'une grande netteté d'esprit, un jugement solide, une ardeur de tout savoir, et une application continuelle, rendent également propre à réussir dans tous les genres, où une certaine beauté d'imagination n'est pas nécessaire. Son penchant

---

6 Jaques Tomasius est mort à Leipzig en 1682, âgé de 63 ans. Sa vie a été publiée à Bareith in 8. par Gaspar Hagenius, sous le titre de *Memoria Philosophorum, Oratorum*. La Collection de ses Préfaces, Oraison, Dissertations, publiée à Leipzig en 1682, 1683, et 1693 est pleine de recherches curieuses. Son Traité *De Plagio Literario*, dont la bonne édition est de 1693 in 4. lui a fait beaucoup d'honneur, et est en effet le fruit d'un grand travail.

l'entraina d'abord vers l'étude de la Philosophie, dont ses emplois lui firent ensuite un devoir. On ne peut pas dire qu'il en ait cultivé toutes les parties avec la même attention, et il paraît par les Ouvrages qu'il a laissés en grand nombre, que sans négliger ce que les Mathématiques ont de plus utile, et la Physique de plus curieux, il s'était principalement attaché aux deux parties de la Philosophie qui servent à rendre l'esprit juste et le cœur droit. Malgré la méthode de son siècle et de son pays, il était remonté jusqu'aux sources, et quoiqu'il retînt peut-être un peu trop de langage et de la sécheresse de l'École, on démêle facilement qu'il avait pénétré les sentiments des anciens Philosophes Grecs et Latins. La connaissance qu'il avait des Belles-Lettres, et qui répand nécessairement des graces sur tout ce qu'écrivent ceux qui l'ont aquise, rend même en partie moins sensible dans les Écrits de Thomasius la sécheresse Scholastique. Enfin il possédait au souverain degré un talent qui n'est pas moins rare qu'une vaste érudition, celui d'enseigner aux autres ce qu'il savait, et de mettre à la portée de ses Disciples les instructions qu'il avait à leur donner. À tant de mérite, Thomasius joignait une grande simplicité de mœurs, et une vertu temperée de tant de douceur, qu'il s'attirait le respect et la tendresse de ses confrères, de ses disciples, et généralement de tous ceux qui avaient affaire à lui. La postérité lui conserve le rang que son siècle lui avait donné, et ses Ouvrages ne démentent pas ce qu'à toujours dit M. Leibnitz, et qu'on lui a ouï repeter dans un âge, où il n'était plus à craindre que d'anciennes liaisons le séduissent; c'est que si Thomasius eût vécu trente années plus tard, et qu'il eût été témoin des découvertes qui se sont faites dans cet espace de temps, il aurait porté la Philosphie tout aussi loin qu'aucun de ceux qui se sont fait en général la plus belle et la plus juste reputation.

Caractère de Kuhnius son autre Maître.

Kuhnius n'était pas à beaucoup près de cette force. Peu habile dans toute les autres Sciences, il savait seulement autant de Mathématiques qu'il en falait pour les enseigner à des Écoliers: exemple qui n'est ni rare dans aucun temps, ni particulier à un seul pays. Du reste, génie obscur et borné, M. Leibnitz lui fut bientôt plus utile, qu'il le ne fut à M. Leibnitz.

M. Leibnitz s'attache aux Mathématiques et à la Philosophie Scholastique.

Il est aisé de concevoir que M. Leibnitz s'attacha principalement ou uniquement à Thomasius. Le premier conseil qu'il en recut, fut d'apprendre les Mathématiques, et la Langue de l'École, sans laquelle on se trouve souvent arrêté dans la lecture des Écrits de ceux même d'entre les Philosophes modernes qui ont affecté le plus de s'en éloigner. M. Leibnitz goûta cet avis, et sa propre experience lui en avait déjà fait sentir la nécessité; car quoiqu'il sût assez bien la Langue

Latine, il n'entendait rien aux Écrits de Descartes, ni à ceux de quelques autres Auteurs qu'il avait trouvé dans une bonne Bibliothèque que son Père avait laissée, et qui était la portion la plus précieuse de son héritage. L'envie extrême qu'il avait d'entendre ces Livres; la facilité qu'il rencontrait à concevoir sans aucune peine ce qui occupe longtemps, et assez souvent sans beaucoup de fruit, le commun des hommes; une assiduité encore plus rare à cet âge que la facilité même; tout cela lui eut bientôt fait dévorer l'ennui inséparable de l'étude de la Philosophie Scholastique, qu'il apprit bien, et qui lui a donné de grands avantages, toutes les fois qu'il a traité des matières qui demandaient de la méthode, ou qu'il a fallu dépouiller les raisons d'un Adversaire de ce qu'elles pouvaient avoir de spécieux. Les Mathématiques lui donnèrent plus de peine, parce qu'il avait à faire à un Maître qui peut-être les savait assez bien, mais qui les enseignait mal; et ses leçons étaient si obscures, que d'abord M. Leibnitz ne les entendait guères, et que les autres Écoliers ne les entendaient point du tout. À force de méditer et de raisonner, non seulement M. Leibnitz débrouilla pour lui, mais encore pour ses condisciples, les idées jusqu'alors impénétrables du Professeur Kuhnius.

En 1663, il va étudier a Jena.

Dès que M. Leibnitz sut assez de Mathématiques pour profiter des leçons d'un habile homme, c'est-à-dire environ au bout d'une année, et dans les commencements de

1663, il alla à Jena, petite Ville de la dépendance du Duc du Weimar, située sur le Sala, dans le Landgraviat de Turinge, et fameuse par son Université, où la reputation des Professeurs attirait la plus florissante Jeunesse de l'Allemagne.

Les trois dont il prit des leçons, furent Erhard Weigelius, Jean André Bosius, et Jean Christophle Falkner.

Caractère d'Erhard Weigel, son Maître qui était Professeur à Jena.

Weigel[7] passait pour un des grands Mathématiciens de son temps, et le nombre de bons Ouvrages qu'il a donnés en ce genre, montre assez qu'il méritait parmi eux un rang très honorable. Il avait poussé fort loin ce que les spéculations des différentes parties qui composent les Mathématiques, ont de plus subtil et de plus curieux; mais il ne s'en tint pas là, et il cultiva toujours avec un soin au moins égal ce qu'elles ont de plus utile pour la société.

---

7   Erhard Weigel est mort à Jena en 1699, âgé de 73 ans, chargé de tous les Titres qu'un homme de Lettres peut espérer en Allemagne, et qu'il parait n'avoir dû qu'à son mérite. On peut voir dans les *Vies des Professeurs de Jena,* publiées en Latin par M. *Zeumer* en 1711, un Catalogue complet de ses Ouvrages. Dans sa *Tetractis* imprimée en 1673, in 4, il y réduit les Chiffres à quatre, au lieu de dix dont nous nous servons. La première édition est de 1647 et la seconde de 1688, in 8. Ses *Specimina Inventionum Mathematicarum* qui sont de 1669, in 4, contiennent beaucoup de curiosités dont M. Leibnitz a tiré de grands profits. Je prie le Lecteur curieux d'approfondir l'examen de cette Note, et de ne pas croire que je la fasse par un ridicule étalage d'un genre d'érudition assez ordinaire. Je ne pense qu'à être concis, et à supprimer un grand nombre de choses qu'il me serait aisé de remarquer dans la suite de cette vie.

Disons mieux, il y rapporta toutes ses spéculations. C'est de cette source que sont venues tant de jolies inventions de Méchanique[8]; c'est à ce principe qu'il faut rapporter toutes les peines qu'il s'est données pour perfectionner les Sphères et les Verres de Lunettes d'approche. Il est aussi un des premiers qui ait appliqué l'Algèbre aux autres Sciences, et tenté d'assujetir le Raisonnement au Calcul, et de démontrer les principes de la Morale, selon la manière de procéder des Géomètres: Entreprise dangereuse pour l'ordinaire quand on veut la pousser trop loin, mais qui a cela de commun avec la Pierre Philosophale, que si les efforts qu'on fait pour réussir, n'ont pas toujours le succès qu'on s'en promettait, on est quelquefois dédommagé de sa peine par la découverte de beaux secrets qu'on ne cherchait pas. Enfin les Pays Protestants de l'Allemagne doivent en partie à l'activité de Weigelius, la Réformation de leur Calendrier. Ses Écrits, ses exhortations particulières, avaient fait beaucoup d'impression sur l'esprit des Princes de qui dépendait cette affaire, laquelle après sa mort fut heureusement conclude en 1702.

Caractère de Bosius, autre Professeur à Jena.

Les talents de Bosius étaient différents, mais ils n'étaient pas d'une moindre utilité pour l'éducation de la Jeunesse. Une érudition profonde dans l'Antiquité Sacrée et Profane, un goût naturel pour la saine Critique, une

---

8   Voyez les Essais de Théodicée, Tom. 2. pag. 235.

grande connaissance des Auteurs de tous les siècles et de toutes les nations, le distinguaient encore moins que la solidité de son esprit. Il écrivait même beaucoup mieux que la plupart des Savants de son pays. Quelque considerables néanmoins que soient les Ouvrages qu'il a donnés au public et par les sujets intéressants sur quoi ils roulent, et par la manière dont il s'en est acquitté, on peut dire hardiment que c'est peu de chose en comparaison de ceux auxquels il mettait la dernière main lorsque la mort le surprit. Il y avait longtemps que sans être vieux, il ressentait toutes les infirmités de la vieillesse, et qu'il se mettait hors d'état par des études continuelles d'étudier encore longtemps[9].

Ces deux Professeurs étaient dans la fleur de leur âge et de leur réputation, lorsque M. Leibnitz arriva dans l'Université d'Jena. Que l'on examine avec attention la méthode qu'il a suivie dans tous ses Écrits, et l'on verra que c'est sur Weigel et Bosius qu'il s'est formé.

M. Leibnitz prend aussi des leçons de Droit de Falkner.

La sublimité de son génie l'a conduit plus loin, il est vrai; mais toujours il a marché par les mêmes routes que ces deux guides lui avaient tracées. Les Mathématiques et l'Histoire ne suffisant pas pour remplir l'insatiable curiosité de M. Leibnitz, il prit encore des leçons de Falkner, Professeur en Droit. C'est ainsi qu'il

---

9 Voyez sur Bosius, *M. Fabricius, Historia Bibliotheca sua, Part.* V. pag. 230.

employa sa seizième année. De retour dans sa Patrie au commencement de la dix-septième, il y soutint une Thèse sous Thomasius son ancient Maître, et alla de là à Brunswick saluer l'Oncle maternel dont nous avons déjà parlé, et terminer avec lui quelques affaires de famille. Ce voyage ne fut pas long, et ne servit qu'à lui faire reprendre ses travaux avec une ardeur nouvelle, dès qu'il se revit de retour à Leipzig, c'est-à-dire dans les premiers mois de l'année 1664.

En 1664, il revient à Leipzig.

Ses études, qui furent et pénibles et variées pendant les deux ans qu'il resta dans cette ville, eurent principalement pour object la Philosophie et le Droit, avec cette exactitude et cette attention qu'il a apporté dès sa plus tendre jeunesse à tout ce qui lui semblait digne de l'occuper.

S'attache à la lecture de Platon et d'Aristote.

Il lut les anciens Philosophes Grecs, et ses réflexions l'amenèrent à ne pas regarder comme chimérique la réconciliation de Platon et d'Aristote. L'exemple de tant de grands hommes qui semblent avoir échoué dans ce dessein, ne fut pas capable de le rebutter, et il lui arrivait souvent de passer des journées entières dans un petit Bois agréable qui est proche de Leipzig[10] à méditer sur ce sujet. Que si les efforts de M. Leibnitz n'eurent pas

---

10 Nommé le *Rosendal.*

pour les Public tout le succès qu'il s'en promettait, au moins ne furent-ils pas inutiles pour son instruction particulière. Il se rendit familiers les principes de ces deux sublimes Philosophes; il entrevit ce qu'ils avaient fait, et ce qui restait encore à faire; enfin il y prit des vues qui lui ont beaucoup servi en diverses occasions, et surtout en deux circonstances remarquables, la première lorsqu'il publia le Traité de Nizoli, et la séconde lorsqu'il établit le Système de l'Harmonie Préétablie. Il est aisé d'y reconnaître plusieurs idées de Platon.

Et encore à la Jurisprudence.

Des études si agréables fûrent quelquefois interrompues par les leçons de Jurisprudnece que prenait M. Leibnitz de Leonard Schwendendorffer, et de Quirinus Schacher, et par les Exercices Académiques auxquels les Étudiants sont assujettis dans les Universités d'Allemagne.

Fait soutenir et soutient des Theses de Droit.

D'abord après son retour de Brunswick, il s'était fait recevoir Maître és Arts, et ce Grade lui donnant droit de présider à des Thèses, il en fit soutenir une, où il avait renfermé plusieurs questions de Philosophie tirées du Droit.[11] Redevenu disciple à son tour, et pour mériter d'être fait Adjoint en Philosophie, il défendit

---

11 Intitulée, *Specimen Encyclopædia in Jure.* Voyez le Catalogue de ses Ouvrages que je mets à la suite de sa vie, N.1.

publiquement une Dispute[12] qui a servi de fondement à son *Traité des Combinaisons*, lequel parut en 1668.

Obtient en 1665, le Degré de Bachelier.

Enfin il obtint en 1665. Le Degré de Bachelier, après avoir soutenu deux Actes sous la présidence de Schwendendorffer.[13] Ce fut encore dans le cours de cette année 1665, qu'il se mit à lire dans ses heures de loisir les Ouvrages les plus estimés des Savants qui ont vécu depuis la renaissance des Lettres. Chaque lecture devenait pour lui l'occasion de quelque dessein utile.

Forme un projet d'écrire un Traité sur le style de Juste-Lipse et de ses imitateurs.

Il en conçut un entre autres sur la Critique, auquel on nous dit que des occupations plus importantes l'empêchèrent de mettre la dernière main; peut-être aussi que quand dans la fuite de sa vie, il a trouvé des moments pour achever cet Ouvrage, la crainte de compromettre sa reputation déjà si bien établie à tant d'égards, l'en a détourné. Il s'agissait d'une de ces discussions délicates, à quoi ce n'est point assez d'apporter de l'érudition et de l'esprit; elle demandait outre cela un grand usage de la Critique des anciens Auteurs Latins, et une certaine fleur de Litérature, qui peut manquer aux plus grands

12 *De Complexionibus.*
13 Toutes ces Theses recueillies ensemble font un petit volume in 8. et sont indiquées au N. 2.

hommes, et qui manque assez ordinairement à ceux du pays de M. Leibnitz, ou qu'ils ne savent pas encore mettre en œuvre avec autant d'art que des hommes moins savants peut-être le font en d'autres Climats. Je vais m'expliquer plus ouvertement, en reprenant l'affaire d'un peu haut.

Caractère de Juste-Lipse, et ses défaults.

Il y a peu d'Hommes de Lettres dont on ait dit autant de bien et de mal que de Juste Lipse. Pendant quelque temps il fut regardé comme l'Oracle des Pays-Bas, et non seulement les Grammairiens et les Philosophes, mais les Politiques lui rendirent une espèce de culte. Peu à près, des démarches au moins imprudentes, une bigoterie poussée trop loin[14] pour qu'on la crût bien sincère, des plagiats[15] dont il ne s'est jamais trop bien justifié, obscurcirent un peu la gloire qu'il s'était aquise par de beaux Ouvrages; enfin le style plein d'affectation qu'il adopta tout-à-coup, acheva de révolter contre lui jusqu'aux personnes qui avaient le plus d'estime pour la beauté de son génie, et pour l'étendue de son érudition. En effet, au lieu de cette façon d'écrire élégante, claire, et soutenue, qui est celle des meilleurs modèles, et qu'il avait lui-même suivie dans ses premiers livres, on le vit dès qu'il crut sa réputation assez établie pour esperer de

---

14 Comme par exemple, sa soumission hypocrite à la Cour de Rome, sa dévotion affectée, etc.
15 Il n'y a qu'à lire pour preuve, *Thomasius, de Plagio Literario, & Crenius, de Furibus Literariis.*

faire Secte, choisir une manière d'écrire toute différente. A ces tours de phrases périodiques et nombreux que nos Maîtres ont pris tant de soin de recommander, il en substitua d'autres dont le tour concis doit rendre nécessairement le discours obscur et cadencé. Aussi, vicieux dans le choix des mots, il porta au plus haut excès la licence de ressusciter des expressions surannées et hors d'usage, d'en inventer de nouvelles, et de transporter dans la Prose toute la hardiesse des figures reservées à la grande Poésie.

Ses vices ont trouvé des imitateurs et descenseurs en grand nombre.

Dans les Écrits de tout autre que de Juste-Lipse, ces défauts n'auraient pas été dangereux; mais dans les siens, où ils paraissaient sous un faux éclat, qu'on pouvait prendre pour de vraies beautés, ils le devinrent bientôt. La contagion prit le dessus, et ce ne furent pas seulement les Pays-bas et l'Allemagne qui en furent infectés, elle gagna rapidement toute l'Italie, et quelques coins de la France. Scaliger qui sentit le mal, y remedia autant qu'il put par son exemple et pas ses exhortations; ce grand homme occupé du progrès des Belles-Lettres, ne recommanda rien aussi vivement à ses disciples, que de ne se pas laisser séduire aux vices aimables du style de Lipse. Henri Etienne avait déjà publié sur cette matière un Ouvrage qui serait meilleur s'il était moins long, et que le sujet principal n'y fût pas noyé dans un tas de digressions inutiles. Mais ni les conseils de Scaliger, ni les duretés d'Henri Etienne ne furent capables d'arrêter pour-lors ce torrent qui était dans toute sa force. Lipse trouva non seulement des admirateurs, mais aussi des imitateurs en nombre[16], et son exemple produisit dans la République des Lettres une révolution à peu près semblable à celle que Rome éprouva du temps de Seneque[17], et la France dans les dernières années du règne de Louis XIV. Ceux même qui auraient été incapables d'expliquer en quoi le vrai caractère du style de Lipse consistait, se piquèrent de lui ressembler; mais comme ils n'avaient pas autant de génie que lui, ils copièrent servilement ses défauts, sans pouvoir atteindre aux agréments qui peuvent faire illusion dans ses Écrits.

C'était sur ce sujet qu'à avait dessein d'écrire M. Leibnitz.

C'était l'Histoire de cette nouvelle Secte de *Lipsiens*, que M. Leibnitz avait formé le dessein d'écrire.[18] Il y eût pesé les avantages et les inconvénients du style coupé; il y eût examine à quel point il est permis d'employer les mots anciens et d'en créer de nouveaux; il y eût traité de l'imitation des Auteurs anciens; et sur les principes que

---

16 Voyez *Morbof, Palyh. Literar.* Libr. I. Cap. 24.
17 *Quintilian.* Lib. X. *Instit. Orator.* cap. 50.
18 *De Stripteribus Lipsianizantibus, seu laconicum scribendi genus imitantibus,* était le titre que M. Leibnitz voulait donner à son Traité.

toutes ces discussions lui auraient donné lieu d'établir, il eût fait le procès à Lipse, ou entrepris son apologie.

Mais il est apparent qu'il n'eût pas réussi.

Ceux qui croyent que la partie la plus difficile d'un Livre, est de rassembler des faits, et de recueillir des passages, ne concevront pas ce qui a pu arrêter M. Leibnitz, qui avait par devers lui les matériaux nécessaires. Il sentit sans doute que dans ces sortes de sujets, où la finesse du goût doit égaler la force des réflexions, les materiaux coutaient moins à ramasser qu'à mettre en œuvre; et pour dire ingénuement tout ce que je pense, si M. Leibnitz eût fait l'Histoire des imitateurs de Lipse, nous aurions un Livre curieux, mais qui peut-être ferait plus d'honneur à la variété de ses connaissances, qu'à la justesse et à la délicatesse de sa Critique. Ce qu'il y a de sûr, c'est qu'il se serait trouvé réduit pour agir conséquemment, à la cruelle alternative de justifier le style de Lipse, pour faire passer le sien, ou d'avouer qu'écrivant mal en Latin, il lui convenait assez peu de s'établir Juge de la manière d'écrire des autres Savants dans cette Langue. Si l'on veut bien jetter les yeux sur les petites dissertations que M. Leibnitz avait déjà publiées, et sur ce qu'il publia dans la suite, et se ressouvenir en même temps que ce n'est point un Panégyrique, mais une Histoire que j'ai entrepris d'écrire, je ne crains pas que l'on m'accuse d'en avoir trop dit.

En 1666, M. Leibnitz pense à prendre le Grade de Docteur en Droit à Leipzig.

Il ne restait plus à M. Leibnitz pour finir son cours d'études Académiques, qu'à prendre le Degré de Docteur en Droit. Il se résolut de le demander dans les premiers mois de l'année 1666. Car quoiqu'il n'eût pas encore l'âge requis par les Statuts de l'Université de Leipzig, tant de raisons concouraient à lui faire espérer une dispense, qu'il n'imagina pas même qu'on la lui pût refuser.

Il est refusé.

Il se trompa, la cabale de ceux qui voulaient l'exclurre fut la plus forte, et il apperçut après avoir fait quelques démarches, que la Faculté de qui dépendait cette dispense, ne la lui accorderait jamais. On croirait peut-être que l'exactitude à observer les Loix de l'Académie fut le seul motif d'un refus aussi piquant; mais ce serait peu connaître les hommes, et Mrs les Journalistes de Leipzig[19] ont grand soin de nous faire entendre que ce refus était fondé sur d'autres raisons, que l'on tint secrètes.

Les uns prétendent que M. Leibnitz s'était attiré beaucoup d'ennemis, en rejettant les principes d'Aristote et des Scholastiques dont il faisait peu de cas. Cela ne paraît pas vraisemblable; M. Leibnitz a toujours été

---

19 *Acta Eruditorum*, Ann. 1717, p. 324.

plein d'estime pour Aristote, et dans un temps où la superiorité des ses lumières lui aurait donné quelque droit de s'expliquer sans détour sur les Scholastiques, il a loué leur méthode, et parlé favorablement de quelques-uns des Écrivains qui l'ont suivie. M. de Fontenelle qui paraît avoir eu d'excellents Mémoires, rejette uniquement la cause de ce refus sur le Doyen de la Faculté de Droit.[20] La Femme irritée contre M. Leibnitz, obtint aisément de son Époux qu'il le renvoyât sous prétexte de sa jeunesse. Quelle que soit la cause de la mauvaise humeur de cette femme, ce qu'on ne pourrait bien démêler qu'en connaissant le caractère de son génie, il est toujours certain que M. Leibnitz fut fort sensible au refus de cette légère grace, et que cela lui fit prendre la résolution d'abandonner une Patrie, où l'on connaissait si peu ce qu'il valait, et ce qu'on pouvait se promettre de ses talents.

Il est reçu à *Altorf* où on lui offre une *Chaire de Professeur, il la refuse & pourquoi.*

L'Université d'Altorf, Ville située dans le territoire de Nuremberg et qui relève de ses Magistrats, fut moins scrupuleuse, et moins passionnée. Le jeune Candidat s'y rendit, et après y avoir soutenu un Acte public sur les *Cas douteux*,[21] non seulement on lui conféra avec un applaudissement universel le Degré de Docteur

---

20 Hist. de l'Ac. Roy. des Sc. Ann. 1716.
21 *De Casibus Perplexis in Jure.*

en Droit, mais encore on lui offrit une Profession extraordinaire en cette Science.

Quelque brillante que fût une pareille proposition, M. Leibnitz, qui ne voulait pas se charger d'apprendre aux autres ce qu'il croyait lui-même ne pas savoir suffisamment, ne jugea pas à propos de l'accepter.

Il passe à Nuremberg.

Il préféra d'aller passer quelque temps à Nuremberg, Ville Impériale sur le Pegnitz, une des plus propres et des plus riches de l'Allemagne. Cette Ville était alors remplie de personnes qui aimaient les Lettres, et il espérait trouver en leur compagnie les éclaircissements que les Livres ne donnent pas toujours, ou qu'ils ne donnent qu'imparfaitement.

Là il est admis à une Société de Chimistes.

À peine M. Leibnitz fut-il arrivé à Nuremberg, qu'il ouït parler d'une Société de gens qui travaillaient dans un grand secret à la Pierre Philosophale. Il n'en fallut pas davantage pour exciter en lui une envie démesurée de faire une étroite connaissance avec ces Chimistes, et de le devenir lui-même. Mais comment pénétrer jusqu'à ces gens-là? La Chimie qu'ils cultivaient était un pays dont la Langue ne lui était pas même connue. Cet obstacle, bien loin de le rebuter, ne servit qu'à rendre sa curiosité plus vive; et enfin, de plusieurs expédients qui se présentèrent en foule à son imagination, il en choisit un qui paraîtra, et qui est en effet un peu bizarre. Ce fut d'extraire des Livres des plus célèbres Chimistes et Alchimistes les termes les plus obscurs, et d'en composer une Lettre qu'il n'entendait pas lui-même.

Par quel moyen cela arriva.

Elle parvint au Directeur, qui d'abord la lut aux Membres de la Société. Moins on y comprit, plus on augura favorablement de celui qui l'avait écrite; il passa presque pour un Adepte; on l'invita à assister aux Conférences, on l'introduisit jusques dans le Laboratoire, et ses discours satisfirent tellement toute l'Assemblée, qu'elle joignit d'abord des appointements raisonnables à la place de Secrétaire qui fut créée en sa faveur.

Honneurs qu'on lui fait.

On lui confia le soin de tenir un Registre exact des Expériences qui se feraient dans la Compagnie, et de tirer des Écrivains les plus estimés ce qu'il jugerait pouvoir fournir de nouvelles vues.

Dans ces entrefaites il lie connaissance avec le Baron de Boinebourg.

Il aurait été dommage que M. Leibnitz eût employé la vigueur de son esprit, et ses plus belles années, dans des occupations aussi frivoles que celles dont une Société de gens si peu instruits, et dirigés par un Ecclésiastique ignorant, ou peut-être fourbe, voulaient le charger. Sa bonne fortune y pourvut d'une manière avantageuse et inesperée.

Caractère de ce seigneur.

Quelques affaires avaient amené à Nuremberg le Baron de Boinebourg, Chancelier de Jean Philippe de Schonborn alors Electeur de Mayence. Au milieu des distractions inséparables des grands Emplois, il trouvait le temps de cultiver les Sciences qu'il avait toujours aimées, et d'entretenir un commerce de Literature avec les Savants. La Jurisprudence, et la Politique, emportaient à la vérité la meilleure partie de son attention; mais néanmoins il ne négligeait ni l'étude de la Religion, ni cette portion de la Litérature, dont tout le monde écrit et raisonne dans notre siècle, quoiqu'il y ait si peu de personnes qui la sachent bien, je veux dire l'Histoire des Livres et des Auteurs: Histoire intéressante, et pour laquelle je regrette beaucoup la mort d'un Homme de Lettres,[22] qui s'y était appliqué très-longtemps. Le Baron de Boinebourg avait même de grands projets sur cette matière,[23] et s'il ne les a pas exécuté, ce qui est une perte, au moins a-t-il fait part de ses vues,[24] ce qui est

---

22 M. Camuzat.
23 *Moliebatur*, (dit de lui Meelfuhrer, dans ses *Access. Histor. ad Bibliothec. promiss. et latent. Almelovenii*, pag. 12) *opus de universa Re Literaria, quod pro immensa eruditione sua felicissime dedisset procul dubio, misi mors subitanea destinatis ejus intercessisset. Struve* en parle de même.
24 On peut voir la XLIII, Epitre de M. de Boinebourg à Dictericus.

une consolation. En ce genre principalement, les bons plans sont presque plus difficiles à former qu'à remplir.

Il est charmé de M. Leibnitz.

Le hazard avait conduit le Baron de Boinebourg dans la même hôtellerie où M. Leibnitz était logé. Ils se rencontrèrent à table, et M. de Boinebourg ne l'eut pas plutôt entendu parler, qu'il fut frappé de sa manière forte et subtile de pousser un raisonnement, et de l'érudition choisie qu'il paraissait joindre à un grand sens. Il est impossible d'avoir le mérite qu'avait ce Seigneur, sans concevoir de la bienveillance pour les personnes en qui l'on apperçoit autant de talents, qu'il en découvrit d'abord en M. Leibnitz.

Il l'assure de toute son amitié. Lui conseille de s'attacher à la Jurisprudence et à l'Histoire; et d'aller à Francfort.

Il ne se contenta pas de ces compliments hautains et infructueux, que la vanité de passer pour aimer les Lettres, arrache souvent aux Grands et aux gens en place; il alla plus loin, et jusqu'où vont ceux qui les aiment en effet; il honora le jeune-homme de ses avis, il lui conseilla de s'attacher à la Jurisprudence et à l'histoire, comme aux deux Sciences qui lui fourniraient les moyens le plus sûrs et les plus propres de s'avancer dans le monde, et d'être utile à la Société; il l'exhorta poliment de préférer le séjour de Francfort sur le Mein, qui les rapprochait advantage l'un et l'autre, à celui de Nuremberg, et il lui promit ses bon offices pour lui procurer quelque Emploi digne de lui dans la Cour de l'Electeur de Mayence. M. Leibnitz se rendit sans peine aux conseils de M. de Boinebourg; et M. de Boinebourg n'oublia pas en perdant de vue M. Leibnitz, les promesses qu'il lui avait faites.

M. Leibnitz suit cet avis et passe à Francfort.

Après avoir pris congé, non pourtant sans quelque regrets, de sa Société de Chimistes, avec laquelle il ne laissait pas d'espérer de faire par lui-même quelques découvertes dans cette partie de la Médécine, si fertile en nouvelles Expériences et en Phénomènes extraordinaires, M. Leibnitz partit pour Francfort, où il se livra tout entier aux études que lui avait recommandées son nouveau Mécène.

Là en 1667, il publie une Méthode d'aprendre et d'enseigner la Jurisprudence.

Là, au milieu de divers embaras, dans le tumulte des Auberges, et sans aucun des secours qu'on peut tirer de beaucoup de Livres, M. Leibnitz composa une *Méthode d'apprendre et d'enseigner la Jurisprudence.*[25] Elle était sous presse à Francfort, lorsqu'il fut appellé à Mayence; et la manière obligeante dont on l'y reçut, lui fit prendre la liberté de la dédier à l'Electeur, qui accepta avec

---

25 *Nova methodus discendæ docendæque Jurisprudentia, Francofurti* 1667, in 12.

bonté ce témoignage de respect et d'attachment. Ce Livre, petit par rapport à sa grosseur, mais considérable si l'on examine le but que s'y propose M. Leibnitz, est devenu d'une rareté extraordinaire. Je me serais sans doute donné des mouvements inutiles pour le trouver dans des boutiques de Libraires, ou chez des amis, si le hazard ne l'eût fait tomber entre mes mains d'une manière imprévue.

Réflexions sur cet Ouvrages.

Après d'excellentes remarques qui concernent les études en général, et qui font la première, la plus courte partie, et comme l'Avant-propos de cet Ouvrage, M. Leibnitz approfondit dans la seconde ce qui regarde uniquement l'étude de la Jurisprudence. Quoiqu'il regne une vaste connaissance de toute sortes de Livres, et une profonde érudition dans cette Méthode, elle me parait encore plus recommendable par ses réflexions nouvelles, ingénieuses, et solides, qui marquent que M. Leibnitz avait déjà médité avec succès sur les fondements de la Science du Droit, et qu'il en connaissait bien les principes. Ceux qu'il établit, sont les mêmes qu'il a développés ensuite dans sa Préface du *Code du Droit des Gens*. À la fin de ce système on voit une longue liste de ce qu'il croyait nécessaire pour mettre la Jurisprudence en meilleur état, pour donner aux Professeurs la commodité de l'enseigner, et pour faciliter aux Elèves les moyens de profiter des instructions de leurs Maîtres.

Plan que l'Auteur y propose.

Voici quelles étaient les vues de M. Leibnitz, et les Ouvrages qu'il jugeait propres à introduire dans les Écoles une reformation salutaire.

I. Des Partitions du Droit.
II. Un Abregé du Droit réduit en Art.
III. Un nouveau Corps de Droit.
IV. De nouvelles Institutes.
V. De nouvelles Règles de Droit.
VI. Un Abregé des Traités de Menochius et de Mascardus sur les preuves et les présomptions.
VII. Un Théâtre des Lois.
VIII. Une Histoire des changements arrivés dans la Jurisprudence Romaine.

M. Leibnitz, sans désapprouver entièrement la méthode de Godefroi et de Forsterus, en proposait une toute différente, et qui paraît pour le moins aussi utile que celle de ces deux Jurisconsultes; c'était de marquer par ordre chronologique les Loix du Peuple, les Décrets du Sénat, les Édits des Prêteurs, et les Constitutions des Empereurs. Au moyen d'un pareil Ouvrage, on appercevrait d'un coup d'œil l'origine des Lois Romaines, les vicissitudes qu'elles ont éprouvées, les changements qu'on y a faits, et le degré d'autorité que chacune obtient encore aujourd'hui. Ce plan mériterait bien que quelque Jurisconsulte célèbre entreprît de l'executer; il se ferait un grand honneur, et il ne rendrait pas au public un service médiocre. M. Leibnitz mettait encore parmi les Livres qui pouvaient server à perfectionner la Jurisprudence, et qu'il exhortait les Savants à composer, une Philologie, une Arithmétique, une Philosophie, des Formules, des Adages, et une Concordance de Droit. Il ajoutait un *Antinomique Mineur*, c'est-à-dire une courte énumeration des Loix qui paraissent se contredire, avec la conciliation la plus vraisemblable, dont on aurait indiqué le premier Auteur; que si la contradiction eût été très-difficile à lever, on aurait eu recours à quelque homme d'un grand savoir et d'une grande réputation, ou aux divers suffrages des plus habiles gens. Pour les solutions qui n'étaient pas si importantes, et les preuves des solutions même qui semblaient le mieux appuyées, elles devaient être fondues et examinées dans un Ouvrage plus étendu et qui eût porté le Titre d'*Antinomique Majeur*.

Enfin, l'utilité des Maîtres et des Disciples demandait, au sentiment de M. Leibnitz, qu'on fît des Institutions du Droit Universel, et des Institutions particulières du Droit de l'Empire, et du Droit Saxon, un sommaire de tous les Titres du Droit, une énumération de toutes les Lois, un Traité de l'art de les interpreter, une traduction des Loix Germaniques, des Eléments du Droit Naturel avec leur Démonstration, de bonnes Vies des Jurisconsultes, le *Tractatus Tractatuum* changé et réformé, un abregé des principales Controverses du Droit, une Bibliothèque de Droit, où l'on trouvât sous chaque titre le nom des Auteurs qui auraient traité en particulier d'une Loi, d'un Titre, où d'un Livre des divers Corps de Jurisprudence qui sont venus jusques à nous. Les trois derniers qu'il recommandait dans cette liste, étaient une Notice de toutes les matières de Droit, les Lieux-communs du Droit, et de nouvelles Pandectes.

Promesses de M. Leibnitz à la fin de cet Ouvrage.

M. Leibnitz termine ce Catalogue en promettant de diminuer bientôt le nombre des Titres dont il l'a rempli. A en juger par la manière dont il s'explique, il parait que si des occupations différentes ne l'eussent partagé tout le reste de sa vie avec la Jurisprudence, il eût commencé par nous donner les *Règles du Droit*.

Réflexions à ce sujet.

On fait qu'elles tiennent dans le Digeste un Titre particulier, qui a exercé les plus habiles Jurisconsultes, et qu'il y a eu des Auteurs qui ne trouvant pas que ce Titre les renfermât toutes, ont essayé de suppléer celles qui manquaient. Ces Règles ont pour la plûpart on défaut essentiel, elles sont trop particulières, et cela les rend aussi difficiles à entendre qu'à appliquer. Voilà à quoi M. Leibnitz avait intention de remédier en les rappellant à des principes généraux. L'entreprise était hardie, parce que dans le Droit, aussi bien et peut-être plus que dans toute autre Science, les principes généraux sont rares, et leur application sujette à mille difficultés; mais de quoi n'était point capable M. Leibnitz pour les applanir ou les diminuer?

Lyncker attaque le livre de M. Leibnitz.

Cette Méthode de Jurisprudence fit un honneur infini à son jeune Auteur. Nicolas Christophle Lyncker, Jurisconsulte assez célèbre, et qui a rempli avec distinction la première Chaire de Professeur en Droit à Jena, fut le seul qui ne trouva pas cet Ouvrage de son goût; il en refuta divers endroits dans un Livre qu'il publia en 1669.[26] Mais ce Livre même, où les recherches de M. Leibnitz étaient souvent, employées, forme une bonne preuve que le mépris de M. Lyncker était affecté: on ne pille guères ceux qu'on n'estime pas beaucoup. D'ailleurs il ne fallait as un grand effort de morale à M. Leibnitz pour se consoler d'avoir été maltraité par un écrivain qui ne ménageait personne, et qui dans l'Écrit même dont il s'agit, attaque partout avec une affectation marquée, Riegler, Boecler et Pussendorf. Si l'on en excepte le suffrage de notre Professeur, le Livre de M. Leibnitz enleva ceux de tous les Savants, et Chrétien Woldenbergius, fameux Professeur en Droit à Altorf, en faisait un si grand cas, qu'il engagea Zinzerling à en préparer une nouvelle édition accompagnée de remarques, qui eût paru sans doute, sans la mort de Zinzerling.

---

26 A Giessen, sous le titre de *Protribunaliæ*.

Remarques sur la manière dont M. Leibnitz finit le Livre de la Méthode d'apprendre et d'enseigner la Jurisprudence.

J'ai dit que M. Leibnitz promettait à la fin du Catalogue qu'on trouve après la Méthode, qu'il travaillerait lui-même à exécuter quelques-uns des plans qu'il avait donnés. Si le respect qu'on doit à la mémoire de ce grand homme, m'empêche de trop insister sur les paroles par où il terminait ses promesses, d'un autre côté la fidelité de l'Histoire ne me permet pas de les passer sous silence. "Il ne me reste plus rien à dire à présent,[27] (ce sont ses termes) j'en ai même beaucoup plus dit que je n'avais eu d'abord intention de faire. Il n'y a pas un paragraphe dans tout mon Livre, qui ne renferme quelque invention ou réflexion nouvelle; il faut bien se reserver quelque chose. Au reste (continue M. Leibnitz) je n'ai cherché dans cette entreprise que l'utilité du public, et non ma gloire particulière; autrement je m'en serais déclaré l'Auteur. Si l'on juge que j'ai eu quelque succès, je tenterai de diminuer le nombre de Titres dont mon Catalogue est rempli; sinon, je crois avoir assez fait pour me mettre au dessus de l'envie; j'abandonne ceux qui me mépriseront à leur ignorance, ce sera un assez grand supplice pour

---

27 *Plura nunc non succurrunt, & aliquid mihi servandum est: revelavi tamen plura quam destinaram; nullus prope paragraphus sine nova vel intentione vel contemplatione abiit. Non gloriam sed utilitatem quasivi publicam, alioquin nomen præscripsissem. Si quid me effecissa videro, tentabo minuere propositum proxime Catalogum desideratorum; sin minus, ego me invidiæ nota absolvi. Contemptoribus satis supplicii ignominia erit. Veniet fortasse aliud tempus dignius nostre, que debellatis odiis, verum triumphabit.*

eux. Il viendra peut-être un temps où l'on me rendra plus de justice, et où la vérité triomphera sur la passion". Il y a dans ces paroles, du moins au commencement, quelque chose de trop présomptueux, et qu'on aurait de la peine à justifier. Il n'est pas toujours convenable de laisser appercevoir toutes ses forces, il ne l'est jamais de les trop vanter; et la jeunesse n'excuse ces sortes de fautes, qu'autant qu'on les répare dans la suite, comme a fait M. Leibnitz par un génie et un mérite supérieur.

En 1668 M. Leibnitz publie un Projet d'un nouveau Corps de Droit.

Sa Méthode était à peine hors de dessous la presse, qu'il y mit un beau Projet d'un nouveau *Corps de Droit*.[28] Il avait eu un commerce de Lettres à cette occasion avec Jean Albert Portner, Jurisconsulte de Ratisbonne, qui avait le même dessein, et qui était très capable de le bien exécuter. Le plan de M. Leibnitz est d'autant plus important, qu'il est extrêmement simple, et qu'il embrasse néanmoins toutes les Puissances Chrétiennes, chez qui le Réformateur voulait que le Corps du Droit pût être en usage. Le Droit entier y devait être réduit à 9 Chefs. Le 1. Eût traité des principes généraux du Droit et des Actions; le 2. du Droit des Personnes; le 3. des Jugements; le 4. des Droits réels; le 5. Des Contracts; le 6. des Successions; le 7. des Crimes; le 8. du Droit

---

28 Ce Projet est écrit en Latin sous ce titre, *Corporis Juris reconcinnandi Ratio. Moguntiæ* 1668. in 12.

Public; le 9. du droit Sacré. Au reste, toutes ces matières devaient être examinées selon la méthode des Pandectes, et non pas selon celle des Institutes.

Réflexions détaillées sur ce projet.

On ne saurait contester l'utilité d'un projet qui débarasserait la Justice de cette foule de Lois sous lesquelles gémit souvent l'Équité, et personne n'était plus propre que M. Leibnitz à plusieurs égards pour démêler ce chaos où il est si aisé de se perdre. Mais peut-on croire qu'il eût assez de lumières pour une réforme de cette espèce? Il ne suffit pas pour y réussir de savoir les Lois Romaines, et d'y joindre une connaissance parfaite des Règlements que la foundation des États qui se sont élevez sur les débris de l'Empire a produit en si grand nombre; il faut une expérience consommée dans les affaires, pour discerner non seulement ce que l'Équité naturelle, mais encore ce que les mœurs de chaque Nation demandent que l'on admette dans un nouveau Corps de Droit, ou bien que l'on en exclue. Or ne serait-ce pas une prévention outrée et impardonnable, que de penser que la supériorité de génie eût suppléé entièrement dans M. Leibntiz, alors âgé de vingt-deux ans, à l'usage qu'il n'avait pas eu le temps d'acquérir? On nait Poète, mais on ne devient Législateur de Nations qu'après avoir réflechi sur la source des abus qui y règnent, et sur les remèdes qu'elles peuvent supporter. Après tout, quand M. Leibnitz aurait eu toutes les qualités nécessaires pour donner un nouveau Corps de Droit sur le plan qu'il a tracé, à quoi eussent abouti tous ses efforts? À faire un bon Livre, malgré lequel il est trop vraisemblable que la Société civile n'eût été ni moins exposée aux suites de la corruption des hommes, ni moins en proie aux préventions et aux injustices de ceux qui par leurs postes sont obligés d'y mettre ordre. Il n'y a point d'État en Europe qui n'ait d'assez bonnes Lois, il n'y en a point où les bonnes Lois ne soient très souvent la source ou le prétexte de tout le mal qui arrive.

D'ailleurs, comme le remarque avec raison l'Auteur pseudonyme qui entreprit de découvrir les défauts du plan de M. Leibnitz,[29] il n'est pas possible que les Peuples de l'Europe se gouvernent par les mêmes Lois, à moins qu'on ne parle de ces Loix fondamentales, qui peuvent passer pour les premières Règles du Droit Naturel; et encore cela demande quelque restriction. Mais quant à celles qui entrent dans le détail des actions de chaque particulier, et qui assurent le sort d'un homme par rapport aux engagements qu'il prend avec un autre homme, elles doivent être aussi différentes chez les différentes Nations que le climat, l'humeur, et les interêts. Les deux autres difficultés que *Veridicus a Justiniano* forma contre le projet de M. Leibnitz, méritent à peine que l'on en fasse mention. Il trouve mauvais que l'on y ait donné la préférence à la méthode des Pandectes sur celle des Institutes; en quoi il témoigne plus d'attachement aux

---

29 *Ratio Corporis Juris reconcinnandi ad obrussam exactæ, authere Veridice a Justiniano.* 1669. in 12.

préventions de l'Ecole, que de connoissance de ces deux Livres. Il me parait mieux fondé dans le reproche qu'il fait à M. Leibnitz d'avoir interverti l'ordre naturel, qui semble exiger que le Droit Public passe avant le Droit des particuliers dans un Corps naturel de Jurisprudence: mais c'était une bagatelle, et un défaut très facile à corriger.

La même année en 1668. M. Leibnitz donne son Traité des Combinaisons.

M. Leibnitz, habile à mélanger et à diversifier ses travaux sans embaras ni confusion pour son esprit, publia cette même année son Traité de *l'Art des Combinaisons*;[30] Traité savant et plein de choses curieuses. Mais comme il y répandit diverses opinions, sur lesquelles il changea dans la suite d'idées, et qu'il desapprouva après qu'il eut eu lieu d'approfondir advantage les Mathématiques, je me contente seulement de l'indiquer ici; m'assurant qu'il sera plus à propos de m'étendre en échange sur une des productions Politiques du même Auteur, que des circonstances particulières firent naître, et qui lui donnèrent occasion de faire alors un usage également honorable et avantageux de ses talents. Il s'agissait de soutenir dans un Écrit dont on esperait un grand effet, les prétensions d'un Prince de la Maison Palatine à la Couronne de Pologne, que Jean Cazimir abdiqua

---

30 *G.G. Leibnitii Ars Combinatoria. Lipsiæ* 1668. in 12. Voyez No. 12 du Catal. de ses Ouvrages.

en 1668. Après plus de vingt années de règne, par une résolution qu'il avait prise depuis longtemps, et que rien au monde ne put vaincre.

L'Abdication de la Couronne de Pologne que fit Cazimir en 1668 fut l'occasion d'un nouveau Livre de M. Leibnitz.

Cette Abdication, dont l'exemple n'est que trop dangereux, et qu'un Roi de ces derniers jours s'est repenti plus d'une fois d'avoir suivi, ouvrit d'abord en Pologne la porte aux intrigues, qui accompagnent nécessairement, et là plus qu'ailleurs, une Election; ceux qui en font les maîtres cherchant bien plutôt leurs interêts particuliers, que l'avantage de la Patrie.

Ainsi on vit éclorre une foule de Prétendants, qui tous avaient des raisons ou des prétextes pour demander la préférence, et des partisans qui les appuyaient avec vigueur. Le Duc d'Yorck, le fils du Czar, celui du Grand-Duc, amusèrent le théâtre pendant quelque temps: mais ce n'étaient que phantomes qu'on présentait avec d'autant plus d'affectation, qu'on était bien sûr que le choix de la Nation ne tomberait sur aucun des trois. Les vrais Concurrents étaient Philippe Guillaume Prince de Neubourg, Charles Hyacinthe Duc de Lorraine, Louis Prince de Condé, et le Duc d'Anguien son fils. La plus grande partie de l'Europe paraissait solliciter en faveur du Prince de Neubourg, et il n'y avait guères de Puissance qui ne lui fût liée par quelque Traité; mais en secret la Maison d'Autriche cabalait pour le jeune Duc de Lorraine, et la Cour de France pour celui des deux Princes de Bourbon qui paraîtrait le plus agréable aux Polonais.

Le Baron de Lisola, et l'Evêque de Béziers,[31] mettaient en œuvre pour le service de leurs Maîtres, tout ce qu'on pouvait se promettre de la longue expérience du premier, et de la souplesse du second. L'Electeur de Brandebourg connut dès les premiers jours de cette épineuse négociation, combien il était important à son Allié d'avoir en Pologne un homme capable de déconcerter les mesures de deux Ministres aussi habiles. On jetta les yeux sur le Baron de Boinebourg, qui depuis qu'il avait quitté le service de l'Electeur, ne s'était attaché à aucun Prince, et demeurait ordinairement à Francfort. Il accepta avec plaisir une commission aussi honorable, et pour commencer à se rendre utile, il engagea préalablement M. Leibnitz à mettre au jour un Ouvrage, où les inconvénients qui s'ensuivraient de l'Election de tout autre que du Prince de Neubourg, fussent exposés de la manière la plus propre à faire quelque impression sur l'esprit des Polonais. Ce petit Traité[32] parut au commencement de 1669. Et il plut également au Prince dont les interêts y étaient défendus avec tant de force, à Mr. de Boinebourg qui en avait

---

31 Depuis Cardinal de Bonzy.
32 Voici le titre qu'il y mit, en se déguisant sous un nom emprunté. *Specimen Demonstrationum Politicarum pro eligendo Rege Polonorum, novo scribendi genere ad certitudinem exactum*, Auth. Georgio Ulicovio Lithuano. *Vilna*, c'est-à-dire à Francfort, 1669, in 12.

conseillé et dirigé la composition, au Public enfin qu'il instruisait d'une affaire qui attirait toute son attention.

Sollicité par le Baron de Boinebourg, il publie en 1669 un ouvrage où il défend les prétentions du Prince de Neubourg à la Couronne de Pologne. Remarques sur cet Ouvrages.

Au reste, tout le succès de ce Traité ne doit pas être attribué à la circonstance où il parut, puisqu'aujourd'hui que l'Histoire de cette Election ne nous interesse pas davantage que bien d'autres évènements du dernier siècle, on le lit avec plaisir et avec utilité. Aussi peut-on dire que ce Livre a été fait avec un art qui devait survivre à la circonstance qui l'avait fait naître. Car quoique M. Leibnitz ait principalement insisté sur le caractère des Princes qui aspiraient à la Couronne des Iyagellons, et discuté en détail les raisons qui devaient éloigner du Trône les Concurrents de son Héros, il n'a eu garde de s'en tenir là; il est remonté aux principes du Gouvernement de la République de Pologne, et il a si bien établi les qualités que les Polonais doivent principalement chercher dans un Roi, qu'on doit m'accorder que son Livre est extrêmement sensé, et tout-à-fait judicieux pour la spéculation, et l'examen théorétique; car pour la pratique, il faudrait être bien novice dans le monde, (et certainement M. Leibnitz n'était pas marqué à ce coin) pour s'imaginer que quand il s'agit de l'élection des Rois, et d'un Roi de Pologne en particular, ces sortes d'Ouvrages ayent beaucoup d'influence. On s'en sert comme de Pièces perdues, qu'on a grand soin néanmoins de répandre dans le public par décence et par politique, après quoi on en abandonne la lecture aux Savants de cabinet: mais pour agir et pour opérer, les Cours savent employer des ressorts bien plus puissants, et bien autrement propres à gagner des suffrages. La double Election qui est à present sur le tapis, pour ne point aller puiser dans des sources trop éloignées, peut servir d'exemple à quiconque souhaite de connaître les chemins qu'on suit dans de pareilles conjonctures, et les machines qu'on fait jouer quand il est question de créer un Monarque en Pologne, et de le soutenir contre ses enemis.

Malgré la foule de motifs qui favorisaient la cause du Prince Philippe Guillaume, malgré l'habileté de son Négociateur, les choses prirent un tour auquel on ne s'était pas attendu. Les Ministres de l'Empereur, et ceux de la France, qui le recommandaient publiquement, le trahissaient en secret, et leurs intrigues auraient rendu au moins l'Élection tumultueuse, quand tout-à-coup un mot lâché au hazard, réunit tous les suffrages en faveur de Michel Wiesnowisky.

Ce contretemps n'empêcha pas le Prince de Neubourg de rendre justice au travail de Leibnitz: il pensa sérieusement à se l'attacher, il lui fit offrir des conditions très avantageuses.

M. Liebnitz est fait Conseiller de l'Electeur de Mayence à la requisition du Baron de Boinebourg.

Mais M. de Boinebourg qui avait d'autres vues sur lui, le pria de s'excuser auprès du Prince, et l'envoya exercer à la Cour de Mayence la Charge de Conseiller de la Chambre de Révision de la Chancellerie, qu'il lui avait procurée. L'estime que lui témoigna l'Electeur, et les autres agréments qu'il trouva dans cette Cour, l'y retinrent jusques en 1672. Là, sans négliger les occupations de son Emploi, qui au reste n'étaient pas pénibles, il trouva le temps de s'occuper à divers Ouvrages, qui servirent à augmenter beaucoup sa réputation quand ils parurent.

Blumius lui demande son avis sur la manière d'écrire l'Histoire du Droit Canon.

La Méthode d'apprendre et d'enseigner la Jurisprudence, le Projet pour former un nouveau Corps de Droit, le Livre pour l'Election d'un Roi de Pologne, ne firent pas seulement regarder M. Leibnitz comme un jeune homme d'une érudition fort au dessus de son âge; mais les connaisseurs allèrent plus loin, et y démêlèrent sans peine un génie propre à étendre les limites de toutes les Sciences auxquelles il s'appliquerait. On commença de plusieurs endroits à le consulter, et Reinoldus Blumius, Chancelier et Président de la Cour de l'Électeur Palatin, se fit un plaisir de lui demander ses conseils sur la manière d'écrire l'Histoire du Droit Canon.

Réponse de M. Leibnitz.

Si la réponse de M. Leibnitz[33], qui est extrêmement succincte, ne prouve pas qu'il fût fort versé dans le détail de cette Science, on voit au moins qu'il avait une très juste idée de ses principes, et qu'il connaissait déjà que cette Histoire devait être traitée tout differemment de celle du Droit Civil. Il pensait qu'on pourrait la diviser en deux parties, rapporter dans la première à quelle occasion les Collections des Canons, et les autres Livres qui composent le Corps de la Jurisprudence Ecclésiastique moderne, ont été formés; et faire dans la seconde, l'Histoire de chaque Article de la Discipline Écclésiastique.

Réflexions sur cet Article.

On sent aisément que cette seconde partie serait la plus importante; mais au lieu que dans l'explication des Lois Civiles, il y a plus de curiosité que d'utilité à savoir pourquoi le Sénat, le Peuple ou les Empereurs ont établi tel Usage en particulier, et qu'il suffit d'exposer avec clarté ceux qui s'observent encore aujourd'hui; il faut au contraire rechercher soigneusement dans une Histoire du Droit Canon, les Usages que des raisons particulières aux Ecclésiastiques ont fait abolir peu à peu, remonter à l'origine de ceux qui sont venus jusques à nous, et

---

33 Intitulée, *Epistola ad Blumium, de Historia Juris Canonici scribenda*. Elle se trouve dans les *Monumenta varia inedita Joh. Fred. Fulleri*, Jenæ 1714. in 4.

déveloper les motifs que l'on a eu d'en retenir quelques uns tels qu'ils étaitent, d'en adoucir quelques autres, ou d'en introduire de nouveaux. M. Leibnitz ne croyait pas qu'il fût facile de trouver alors quelqu'un parmi les Luthériens d'Allemagne, qui fût capable d'un pareil Ouvrage: mais il pensait que c'était en France qu'il fallait souhaiter qu'on fît cette entreprise. En effet, les liaisons qu'on y conserve avec la Cour de Rome, la manière dont on y cultive l'étude de l'Antiquité Ecclésiastique, et le zèle si louable de beaucoup de particuliers pour le maintien des Libertés de la Nation, sont cause que la France a toujours eu des personnes très bien instruites de la Discipline de l'Église, et très capables de nous donner d'excellents Traités sur ces matières, toutes les fois que des forces majeures ne les empêcheront point de s'explique librement.

Il projette des réformes l'Encyclopedie d'Alstedius.

Les productions de M. Leibnitz dont j'ai fait mention jusqu'ici, prouvent assez à combien de genres d'études différentes il consacrait son loisir. Son génie vaste, imaginatif, capable de tous embrasser, lui faisait porter ses vues sur toutes les Sciences ensemble, et même sur les moyens de les réduire en système. Persuadé de l'étroite liaison qui est entre elles; prévenu par la lecture de quelques-uns de ces Écrivains subtils qui croyent qu'au moyen de leurs Méthodes abregées, on peut parvenir en peu de temps à toutes les connaissances; espérant peut-être de pouvoir purger les anciennes Méthodes de ce qu'elles ont de défectueux, il forma, pendant le temps qu'il était à la Cour de Mayence, l'idée flateuse de les réunir.

C'était un projet auquel Jean Henri Alstedius, Écrivain infatigable, avait employé une grande partie de ses jours, et qui produisit sa fameuse Encyclopedie[34]; travail où à la vérité le discernement de l'Auteur ne marche pas toujours de compagnie avec sa peine, mais où néanmoins il y a beaucoup à apprendre, et qui mérite d'être loué par l'invention et par les veilles qu'il lui a couté. Cet Ouvrage peut être infiniment mieux exécuté, et c'est à y donner ses soins que pensait M. Leibnitz. Il avait résolu, conjointement avec Hesenthalerus, de le revoir d'un bout à l'autre, d'en corriger les défauts, de suppléer les imperfections, et d'en perfectionner la méthode.

Mais il n'a jamais executé ce dessein.

Cependant diverses occupations plus pressantes empêchèrent M. Leibnitz non seulement d'effectuer ce dessein, quoiqu'il l'eût toujours fort à cœur, mais même de communiquer au public le plan de la méthode qu'il croyait qu'on pourrait suivre; car il faut compter pour rien quelques réflexions générales sur cette matière inserées dans un Livre de Fuller.[35] Personne depuis n'a

---

34 Composée en Latin, & imprimée à Herborn dans le Comté de Nassau, en 1620. en 3. volumes in fol.

35 Intitulé, *Monumenta varia inedita Fulleri*, Jenæ 1714, in 4.

songé à remplir ce projet, soit qu'on l'ait trouvé plus beaux dans la spéculation que dans la pratique, soit que les difficultés insurmontables qui s'y rencontrent ayent dégouté les Savants qui auraient pu s'y dévouer.

Son sentiment sur le mérite de la Philosophie d'Aristote & de Descartes.

La Philosophie entrait pour une des principales parties dans le système de M. Leibnitz sur la réunion des Sciences; mais on était alors fort partagé sur le choix des deux Maîtres qu'on devait suivre, Aristote ou Descartes. Il fallait opter pour l'un ou pour l'autre. Après l'étude que M. Leibnitz avait faite du premier, il ne pouvait négliger de s'appliquer à connaître le dernier moins parfaitement. Aussi éplucha-t-il avec ardeur les Écrits de ce Moderne. Il compara soigneusement sa Philosophie avec celle d'Aristote, il combina leur accord et leurs défauts, leurs imperfections et les moyen d'y suppléer.

Le résultat de son examen aboutissait à reconnaître Descartes pour un grand génie, un très habile homme, un excellent Géomètre, et un de ceux qui ont le plus ajouté aux découvertes de ses prédécesseurs; mais il croyait que ce Philosophe n'était point allé si loin en Géométrie que bien des gens se l'imaginaient, et qu'entre autres défectuosités il avait donné l'exclusion aux Problèmes et aux Figures qui ne peuvent s'assujetir à son calcul, et qui pourtant sont les plus nécessaires et les plus utiles. Il pensait encore, que Descartes se trompait beaucoup sur les Lois de Mouvement, sur la Matière, sur l'Étendue, sur la Force des corps, sur les Causes finales, sur l'Ame et sur quantité d'autres points. Enfin M. Leibnitz jugeait que les Cartésiens, par un respect aveugle pour les opinions de leur Chef, n'avaient rien enchéri sur lui, à la reserve de la Métaphysique, où le P. Mallebranche s'était frayé une gloire immortelle; mais qu'en fait de Physique, ils avaient négligé de faire de nouveaux progrès, courant trop facilement après la Matière subtile et les Tourbillons de leur Maître, et se donnant le droit de mépriser les Anciens en abandonnant les vraies sources de l'érudition.

En revanche, M. Leibtnitz jugeait bien plus favorablement d'Aristote qu'on ne le fait d'ordinaire, et le mettait même fort au dessus de Descartes en matière de Philosophie. Ce n'est point qu'il ne reconnût quantité d'erreurs dans les Écrits du Philosophe ancien, mais il ne lui paraissait pas que le Moderne en fût moins exempt. De tout cela il concluait le nécessité de chercher les moyens de reconcilier ensemble ces deux illustres Philosophes. C'est sur quoi il proposa ses idées par une Lettre à M. Thomasius. Et pour prouver en même temps au Public, que les louanges qu'il donnait à Aristote, ne partaient point d'une aveugle admiration, il publia cette Lettre à la tête d'un Livre fait plus d'un siècle auparavant contre sa Philosophie, dont personne n'ignore et le haut degré des considération qu'elle a obtenu, et les revers qu'elle a souffert depuis sa naissance jusqu'à present.

En 1670, il publie un Ouvrage de Nizoli, fait autrefois contre la Philosophie d'Aristote.

On l'a combattu surtout fortement dans le XVII Siècle, et on commença déjà en Italie à l'attaquer vigoureusement dans le XVI. Marco Antonio Veneri rompit la glace, en entreprenant de faire voir la contradiction qu'il y avait des principes de cette Philosophie avec les dogmes de la Religion. Peu d'années ensuite, Mario Nizoli[36] natif de Bersello, petite Ville dans le Duché de Modene, célèbre par le suicide de l'Empereur Othon, écrivit un Traité Latin[37] touchant *les vrais principes et la vraye maniere de raisonner contre les faux Philosophes*, c'est-à-dire, contre les Scholastiques passés et présents, contre Aristote leur Chef, et Thomas d'Aquin. Ce fut ce dernier Ouvrage que M. Leibnitz jugea à propos de remettre au jour[38], en l'ornant de la Lettre à Thomasius dont je viens de parler, d'une belle Préface, et de savantes Notes.

L'Ouvrage de Nizoli découvre un esprit fin, hardi et subtil, mais un homme passionné et piqué au jeu. Animé par des disputes qu'il avait eu avec des Aristoteliciens, il reprend non seulement sans ménagement leur langage et leurs opinions, mais de plus il s'explique avec la

---

36 Qui s'était déjà fait connaître dans la République des Lettres par quelques Ouvrages, & entre autres par son fameux Dictionnaire des mots de Ciceron imprimé en 1530, par sa traduction du Livre de Galien sur les vieux termes d'Hippocrate, imprimée à Venise chez les Juntes en 1550 & par quelques brochures contre Marc Antoine Majoragius Professeur en Eloquence à Milan.

37 Intitulé, *Marii Nizolii Antibarbarus Philosphus, seu de veris Principils & vera ratione philosophandi contra Pseudophilosophos*, Parmæ 1553, in 4.

38 Cette impression du Livre de Nizoli fut faite à Francfort en 1670. in 4.

dernière vivacité sur Aristote et Thomas d'Aquin. Il déclare nettement à l'égard du premier, que la constante admiration qu'on avait eu pour lui, ne prouvait que la multitude des sots et la durée de leur sotise. Par rapport au second, tout Catholique-Romain qu'était Nizoli, il s'en fallait bien qu'il crût, comme Bucer, que si l'on détruisait les Œuvres de ce Philosophe de l'École, on reverserait facilement l'Église Romaine: Nizoli au contraire faisait si peu de cas de ce Scholastique, qu'il le traite de borgne entre des aveugles.

M. Leibnitz était très éloigné d'approuver ces airs cavaliers de l'Auteur Italien. S'il loue son Ouvrage, c'est uniquement par la circonstance du temps où il le fit, par la hardiesse de son entreprise, et par quelques vérités dont il le parsema. Mais il y découvre plusieurs faux raisonnements, et le blâme de sa passion contre Aristote, et il s'attache à prouver que le Philosophe Grec avait eu les principes de la véritable Philosophie à plusieurs égards, et que le Moderne Descartes les avait empruntés de lui, et en avait profité. Comme M. Leibniz embrassait toutes les occasions de témoigner au Baron de Boinebourg ses sentiments, il saisit celle-ci de lui marquer publiquement son zèle, en lui dédiant cet Ouvrage. Ce Seigneur, qui de son côté aimait de cœur M. Leibnitz, venait de lui procurer un nouveau bienfaiteur dans la personne du Duc de Brunswick-Lunebourg,[39] Prince habile, dont la protection devint très avantageuse à M. Leibnitz, qui mit aussi tout en

_____
39 Jean Frederic.

œuvre pour la cultiver. Il se forma d'abord de cette liaison un commerce étroit de Lettres entre le Prince et M. Leibnitz, et chacun y trouva son compte.

En 1671, il donne sa Théorie du Mouvement abstrait et concret.

En même temps que notre Savant travaillait sur Nizolius, il occupait ses autres moments à examiner un point particulier de la Physique de M. Descartes, j'entends la matière abstruse du Movement, sur laquelle il publia l'année suivante, c'est-à-dire en 1671, deux petits Traités qui firent beaucoup de bruit parmi les Physiciens. L'un est la *Théorie du Mouvement*, où il considère le Movement comme une chose purement mathématique; l'autre est *l'Hypothèse du Mouvement concret*[40] et systématique, tel qu'il supposait qu'il était dans la Nature. Le premier, qu'il dédia à l'Académie Royale des Sciences de Paris, est une Théorie presque toute neuve du Mouvement en général, différence de celle de Descartes, et extrêmement subtile. Le second, qu'il adressa à la Société Royale de Londres, est une application du premier à tous les Phénomènes. Dans l'une et dans l'autres de ces pièces, M. Leibnitz admettait le Vuide, et regardait la Matière comme une simple étendue absolument indifférente au movement et au repos. Dans la suite, croyant être mieux instruit, il changea totalement d'opinion, et n'envisagea même son

---

40 *Theoria Motus abstracti, & Theoria motus concreti.* Moguntiæ 1671, in 12. Voyez le Catalogue N. VIII.

Écrit, que comme l'essai d'un jeune homme qui n'avait pas encore approfondi des Mathématiques; ce qui montre d'autant plus l'amour de M. Leibnitz pour la recherche de la vérité, qu'il s'était d'abord persuadé que son Système réunissait tous les autres, suppléait à leurs imperfections, étendait leurs bornes, et éclaircissait leurs difficultés. Il est certain que l'Hypothèse de M. Leibnitz sur le Mouvement, de quelque manière qu'il lui ait plû d'en parler par modestie, et non-obstant les erreurs qui peuvent s'y rencontrer, découvre un aussi beau génie qu'aucune autre Hypothèse de son invention.

Il donna la même année un petit Livre sur la Trinité.

Cette même année notre Philosophe s'avoua publiquement Théologien, par une de ces occasions que le pur hazard fait naître. Le Baron de Boinebourg venant d'embrasser la Religion Catholique, écrivit une longue Lettre à André Wissowatius avec lequel il était en grand commerce, non seulement pour se justifier auprès de lui de son changement de Religion, mais encore pour l'engager à prendre le même parti. La Lettre du Baron ne produisit aucun effet sur l'esprit de Wissowatius. C'était un Chevalier Polonais, fameux parmi les Unitaires, connu des Théologiens par divers morceaux rassemblés dans l'Ouvrage qu'on nomme communément la *Bibliothèque des Frères Polonais*[41], d'ailleurs petit-fils de Fauste Socin;

---

41 Tous les Théologiens qui ont manié ce grand Corps de Doctrine Socinienne, ne savent peut être pas quels morceaux sont de la main

homme parvenu déjà à un âge avancé, et qui n'avait fait toute sa vie que défendre les sentiments de sa Secte, pour lesquels il souffrit courageusement l'exil, et se réfugia à Amsterdam où il mourut en 1678. On peut donc juger que Wissowatius, tel que nous venons de le dépeindre, demeura ferme dans ses principes. Il répondit à M. de Boinebourg, qu'il ne pouvait pas mieux admettre le dogme de la Transsubstantiation que celui de la Trinité; qu'ainsi, avant que d'entrer en matière sur ce premier article, il osait préablablement le défier de pouvoir jamais établir le second, ni même de répondre en forme syllogistique aux arguments qu'il lui envoyait contre ce point de croyance également reçû par les Catholiques et par les Luthériens.

Le Baron de Boinebourg piqué d'honneur, mais distrait par beaucoup d'affaires, s'adressa à M. Leibnitz. Il lui remit la Lettre de Wissowatius entre les mains, et le conjura d'y faire une réponse. C'est ce qu'exécuta notre Savant, dans un petit Livre Latin intitulé, *La Sainte Trinité défendue par de nouveaux raisonnemens de Logique*[42]. Il s'attache à montrer de cet Écrit, que ce n'est qu'au moyen d'une Logique fort défectueuse que Wissowatius pouvait tirer quelque avantage de cette dispute, mais que la bonne Logique était favorable à la Foi des Orthodoxes.

---

de Wissowatius: ce sont ceux que les Editeurs de ce gros Ouvrage ont désignés par les deux seules lettres A.W.

42 *Sacrosancta Trinitas per nova Argumenta Logica defensa.* 1671. in 12.

Son sentiment sur ce mystère.

Ce n'est pas au reste que M. Leibnitz fût dans l'idée qu'on doit prouver la Trinité par des raisons Philosophiques; non, il était fort eloigné de cette opinion: il n'admettait que la Parole de Dieu pour le fondement de ce Mystère, et il croyait sagement que sur ce dogme le meilleur serait, sans vouloir entrer dans des explications, de s'en tenir simplement aux termes révèlés, parce qu'il n'y a aucun exemple dans la Nature, qui réponde assez à la notion des Personnes divines. Il ne faisait même aucune difficulté de dire, Qu'on avait eu grand tort d'aller plus avant, et de prétendre expliquer le mot de *Personne*, et autres semblables, en quoi le succès s'est trouvé d'autant plus infructueux, que les explications dépendent des définitions. Voilà en gros le précis des ses idées sur ce sujet.

En 1672, il vient à Paris.

Ce fut aux divers Ouvrages dont J'ai fait mention depuis quelque temps, que M. Leibnitz occupa son loisir à la Cour de Mayence. Mais il lui manquait encore un genre d'études auquel on ne supplée point par les Livres, je veux dire les Voyages. Il était dans cet âge où l'on est plus en état que jamais d'en profiter, et il en brûlait d'envie. De tous les pays qui piquaient sa curiosité, il n'y en avait point qu'il désirât plus passionnément de voir que la France. En effet, sans compter qu'on ne peut se passer d'en savoir la Langue, qu'on apprend beaucoup plus aisément sur les lieux, c'est d'ailleurs le pays le plus beau et le plus délicieux de l'Europe, celui où les Étrangers sont le mieux reçus, et dont les Gens de Lettres retirent mille utilités par la politesse qu'on a de leur communiquer tous les secours qu'ils souhaitent; enfin un pays, où les Arts et les Sciences, qui y brillaient alors dans tout leur lustre, ont été portés en tout temps aussi loin, et les agréments de la Société plus loin que partout ailleurs. Mais l'endroit du Royaume qui est le centre de ces avantages, c'est à coup sûr la Capitale, c'est Paris; la Ville du monde la plus agréable, peut-être la mieux civilisées, et la plus peuplée d'aimables gens et de Savants communicatifs. Le Baron de Boinebourg qui y avait d'étroites relations, et un fils qu'il aimait tendrement, mais qui était trop jeune pour lui confier certaines affaires, pria M. Leibnitz de s'en charger, et d'entreprendre ce Voyage. Charmé d'obliger un Protecteur si zèlé, en satisfaisant son inclination, il se rendit en 1672 à Paris, ou plutôt il y vola. Cette superbe Ville était à la fois, l'abord de tous les Étrangers, l'École des Arts et des Sciences, l'asyle des Muses, et le rendez-vous des Savants de l'Europe qu'y attiraient les liberalités de Louis XIV. La générosité de ce Prince n'était ni bornée par la Mer, ni renfermée au deçà des Alples et des Pyrenées; elle s'étendait sur le mérite le plus éloigné, elle allait récompenser dans le fond du Nord comme dans le cœur du Royaume, un Savant surpris de se voir connu. Que ma faible main serait heureuse, si elle était déjà capable de donner un coup de ciseau à la statue que les Gens de Lettres ont érigée à ce Monarque ! On voyait rassemblés dans Paris, un Roberval, un La Hire, un Cassini, un Arnaud, un Picard, un Ozanam, un Sauveur, un Huygens, un Mallebranche, et combien d'autres Maitres en tout genre de savoir, avec qui M. Leibnitz jeune, et avide d'illustres connaissances, fit des liaisons et des habitudes qu'il cultiva précieusement dans la suite.

Il s'y applique à l'étude des Mathématiques.

Quoique placé dans un lieu, où les plaisirs emportent d'ordinaire la plus grande partie du temps, et où les jours ont des termes si courts, il remplissait les siens par des conversations utiles, par l'étude, et principalement par celle des Mathématiques, qu'il n'avait pas encore assez approfondies. Il n'a point fait difficulté d'avouer ingénument et publiquement[43], selon la coutume des Grands-hommes, qu'il était entièrement novice dans la profonde Géométrie, lorsqu'il connut à Paris en 1672 l'illustre M. Huygens, celui, après Galilée et Descartes, à qui il devait le plus en ce genre: que la lecture du Livre de Huygens *De Horologio Oscillatorio*, jointe à celle des Lettres de Pascal, et des Œuvres de Gregoire de St. Vincent (Auteur très habile, et bien plus connu de nom que de fait) lui ouvrit tout d'un coup l'esprit, et

---

43 Cet aveu se lit dans les *Acta Eruditorum*, Ann. 1691. Mense Septembri, p. 438.

lui donna des vues qui l'étonnèrent lui-même, et tous ceux qui savaient combien il était encore neuf sur ces matières; qu'aussitôt il s'offrit à lui un grand nombre de Théorèmes, qui n'étaient que des Corollaires d'une Méthode nouvelle, dont il trouva depuis une partie dans les Ouvrage de Jaques Gregori, d'Isaac Barrow, et de quelques autres; qu'enfin il avait pénétré jusqu'à des sources plus cachées, et avait soumis à l'Analyse cette portion de la Géométrie sublime qui ne l'avait jamais été auparavant. C'est du Calcul Différentiel qu'il veut parler.

Il fait goûter le dessein de sa machine Arithmétique à M. Colbert.

Dans le cours de ses études Géometriques, il remarqua quelques imperfections dans la Machine Arithmétique de Pascal, et en imagina une nouvelle qu'il commença d'ébaucher, et dont il eut l'honneur d'expliquer le dessein à M. Colbert, homme si illustre, qu'il serait difficile de le designer par quelque titre aussi glorieux que son seul nom. Le goût déclaré de ce grand Ministre pour les Lettres, son zèle à les servir, son pouvoir à satisfaire ses inclinations, le bien qu'il a fait aux Arts et aux Sicences, immortalisent sa mémoire, et rendent à jamais son nom cher aux Savants. Il agréa l'invention de M. Leibnitz, de la manière du monde la plus flatteuse pour l'Auteur, et son approbation fut suivie de celle de l'Académie.

On lui offre une place de Pensionnaire à l'Académie qu'il refuse et pourquoi.

Les Membres de cette savante Société, assurés des intentions du Ministre, allèrent plus avant, et convaincus du mérite de M. Leibnitz, ils lui donnèrent à connaître qu'il ne tiendrait qu'à lui d'avoir dès-lors une place dans leur Corps, et même d'y être reçu à titre de Pensionnaire, s'il embrassait la Religion Catholique. Mais quoique fort moderé, et fort tolérant, il rejetta absolument cette condition. S'il pensait que le Sage est Citoyen de toutes les Républiques, il ne croyait pas qu'il dût être le Prêtre de tous les Dieux.

M. Huet l'engage à travailler sur Martianus Capella.

Le docte et le poli M. Huet, auquel on est redevable, après le Duc de Montausier, du plan et de l'exécution de cette suite de Commentaires, qu'on nomme communément les *Dauphins*, engagea M. Leibnitz de travailler pendant son séjour à Paris, en suivant la même méthode, sur Martianus Capella.

Quoique cet Ecrivain ne soit ni beaucoup lu, ni fort goûté, je m'imagine cependant que la plupart de mes Lecteurs le connaitront au moins de réputations. Il était né à Carthage, et vivait à ce qu'on croit vers le commencement du VI siècle. Son Ouvrage en question, est intitulé *Des Noces de Mercure et de la*

Philologie.[44] Pour remplir le dessein qu'il avait formé de traiter de tous les Arts Libéraux, il a feint que Mercure qui les a à sa suite, épouse la Philologie, c'est-à-dire l'amour des Belles-Lettres, et qu'il lui donne pour présent de noces, ce que ces Arts ont de plus beau et de plus précieux; de sorte que c'est une Allégorie continuelle en forme de Fable, mais une Allégorie dont l'artifice n'est pas trop délicat, dont le style est barbare, et dont le sens est souvent à peine intelligible. Malgré ces défauts, il faut avouer que cet Ouvrage est rempli d'une vaste érudition, et qu'on ne peut s'en passer pour bien entrendre les Anciens sur les Arts Liberaux, au jugement de Scaliger, de Vossius, et d'autres grands Critiques.

C'est en 1499, que François Vital mit au jour pour la première fois à Vicence, petite Ville de l'Etat de Venise en Italie, le Livre de Martianus Capella, dont il prétendit avoir corrigé plus de deux-mille fautes. Cent ans après, l'an 1599, Grotius, âgé de 14 à 15 ans, régala le Public d'une nouvelle édition de cet Auteur[45], beaucoup supérieure à celle de Vital, et dans laquelle il a rétabli une infinité de passages corrompus, avec une habileté et un succès surprenant.

Enfin M. l'ancien Evêque d'Avranches se persuada que le meilleur moyen de rendre la lecture de Martianus

---

44 *Martiani Minæi Felicis Capella Libri duo de Nuptiis Philologiæ & Mercurii &.* Vincent, 1499. Folio 4.
45 Imprimée à Leyde in 8. Il la dédia à M. le Prince de Condé, & mit au devant du Livre sa taille douce avec ce Distique.
  Quem sibi quindenis Astrea sacravit ab annis,
  Talis Hugueïanus Gretius ora fero,

Capella plus profitable et plus répandue, serait de le publier à la façon des Interpretes *Dauphins*, c'est-à-dire avec un text corect, une espèce de paraphrase du texte courte et claire, en substituant les mots les plus connus à ceux qui sont obscurs ou difficiles, et des Notes choisies concernant l'Histoire, la Critique, l'Antiquité. Assuré des talents de M. Leibnitz, il lui commit l'exécution de ce plan, et M. Leibnitz s'en chargea volontiers, mais le Public n'a pas profité de son travail, tout ce qu'il a composé sur cet Auteur ayant été malicieusement distrait, sans qu'il ait pu dans la suite trouver les moyens de le recouvrer, ou les moments de le réparer.

En 1673, M. Leibnitz va voir l'Angleterre, le Baron de Boinebourg étant mort.

L'année 1673, le Baron de Boinebourg mourut, et les affaires de ce Seigneur ne retenant plus M. Leibtnitz à Paris, il se hâta de se saisir de ce temps pour passer en Angleterre, et voir cette heureuse Île où le vaste Commerce qu'elle fait apporte l'abondance, où l'amour de la Liberté forme le caractère distinctif des habitants, où les Sciences fleurissent, où tous les Arts sont honorés et récompensés, où l'on fait penser par soi-même, et où l'on peut parler sans crainte. Il en parcourut les Universités, et s'arrêta principalement à Londres, Ville immense, tantôt l'égale et tantôt la supérieure de Paris, qui rassemble dans son sein les plus beaux génies du Royaume, et qui possédait alors un Boyle, un

Wallis, un Gregori, un Barrow, et le Grand Newton.
M. Leibnitz eut le plaisir d'être bien reçu de tous ces
Savants, et de s'assurer pour la suite un commerce de
Lettres avec quelque-uns deux.[46] Il eut aussi l'avantage
d'y connaitre divers Seigneurs, qui dans ce pays là sont
amis et protecteurs des Savants, qui très souvent le sont
eux-mêmes, et qui par conséquent ne se piquent pas
du faux honneur de les mépriser. Ils sentent combien
l'Esprit et le Savoir réunis au Galant-homme méritent
de distinction, combien de telles gens doivent être
précieux à un État, et combien ils lui attirent l'estime
et la considération des autres Peuples. Chez celui-ci, un
simple Gentilhomme, nourri dans la belle Litterature,
formé par les Voyages, instruit des Interêts des
Princes, et surtout de ceux de sa Nation, habile à les
défendre dans le Parlement, en est regardé comme le
premier Membre; et le Haut Clergé qui y a séance, ne
se distingue qu'en marchant sur les mêmes traces. Ne
verra-t-on point revivre en France avec plus d'ardeur un
goût si sensé, et qui semble s'éteindre et s'évanouïr dans
un si beau Royaume !

Il y apprend en 1674, la mort de l'Electeur de Mayence.

M. Leibnitz jouissait à peine de la douceur de son
séjour en Angleterre, qu'il apprit la mort de l'Electeur

---

46 Comme avec M. Collins, Oldenburgh, Mr Burnet &c.

de Mayence[47], qui suivit de près celle du Baron de Boinebourg. Cette nouvelle perte faisant non seulement cesser les esperances qu'il avait d'une fortune en cette Cour, mais le dépouillant dès ce moment des appointements qu'il touchait de ce Prince, il se détermina à retourner en Allemagne et la Société Royale ne voulut le laisser aller qu'après se l'être acquis auparavant.

Il revient à Paris où il écrit au Duc de Brunswick qui l'invite à sa Cour.

Arrivé à Paris, il prit le parti d'écrire une Letter au Duc de Brunswick-Lunebourg[48] pour l'informer de la situation où il se trouvait. Ce Duc, qui conservait toujours pour M. Leibnitz la même bienveillance qu'il lui avait autrefois témoigné, répondit à sa Lettre d'une manière aussi honorable, que propre à lui faire sentir qu'il l'aimait toujours et l'estimait véritablement. Il lui offrit à sa Cour une place de Conseiller, une pension, et l'entière liberté de demeurer dans les Pays Étrangers autant qu'il le souhaiterait. Ce fut avec toute la joie et la reconnaissance imaginable, que M. Leibnitz reçut ces bienfaits assaisonnés de tant de politesse. Il usa de la permission qu'on lui accordait, pour profiter encore de Paris pendant une quinzaine de mois, qu'il consacra à la sublime Géométrie, et à l'exécution de sa Machine Arithmétique, dont il ne put néanmoins venir à bout.

---

47 Jean Philippe.
48 Jean Frederic.

Rebuté des dépenses et des difficultés qu'il y rencontra, il remit cette entreprise à un temps plus favorable, et prit la résolution de se rendre l'année suivante 1676 auprès de son bienfaiteur.

En 1676, M. Leibnitz se rend auprès du Duc en passant par l'Angleterre et la Hollande.

Il repassa par l'Angleterre, et de là il vint en Hollande, pays qu'un homme comme lui ne pouvait se dispenser de voir. Car la Hollande n'est pas seulement la Province la plus considerable, la plus riche, et la plus puissante qu'il y ait au Monde; c'est encore un pays où les Sciences et les Arts sont cultivés; où l'industrie force la Nature; où le Négoce en général, qui est l'ame et le seul soutien des habitants, procure en abondance de quoi remplir leur curiosité, et en particulier où le Négoce si rafiné de la Librairie fournit aux curieux de l'Europe un nombre prodigieux de Livres en tout genre; enfin, ce qui est le plus interessant pour un Homme de Lettres, c'est un pays qui peut se vanter d'avoir produit et de produire toujours des Génies supérieurs et des Savants du premier ordre. M. Leibnitz s'attacha pendant le peu de séjour qu'il y fit, à lier connaissance avec les Savants de la Nation qui florissaient de son temps. Il vit entre autres un profond Mathématicien à Amsterdam, cette Ville si opulente et si accréditée par son Commerce qui apporte dans son sein des richesses immenses des quatre coins de la Terre ;

là, dis-je, il vit M. Hudde[49], qui en était Bourguemestre tout-puissant; homme simple dans ses mœurs et dans son domestique, honorant son Emploi par l'amour du bien-public, par son mérite, et par ses lumières. C'est à l'invention et aux soins de ce digne Magistrat, que cette célèbre Ville, pour le dire en passant, est redevable de l'avantage dont elle jouit aujourd'hui d'avoir ses Canaux plus purifiés qu'autrefois, au moyen de l'eau fraîche de la Rivière, qu'on y fait couler pour les rafraîchir.

Il s'occupe avec le Prince à des Expériences Physiques.

Dès que M. Leibnitz fut de retour à Hannover, il commença par enrichir la Bibliothèque du Duc de divers Ouvrages importants, et en particulier du Cabinet de Martin Fogelius, qui renfermait une assez belle Collection, tant de Manuscrits, que de Livres d'Histoire, de Physique, et de Médecine. C'étaient là de précieux meubles pour un Prince qui donnait ses moments de loisir à la gloire des Muses. Comme il se plaisait surtout à se délasser à des Expériences de Physique et de Chimie, il trouva dans M. Leibnitz un homme qui se prêta fort volontiers aux mêmes plaisirs,

---

49 L'habileté de M. Hudde dans les Mathématiques est fort connue, et il suffirait, s'il était besoin, d'en donner pour unique preuve la Lettre qu'il écrivit à M. van Schooten Professeur à Leyden, datée du mois de Novembre 1659, dans laquelle il lui communique sa méthode des Tangentes. On peut en voir l'Extrait dans le Journal Literaire de l'Année 1713. Tom. I. Part. 2, pag. 460.

et qui rechercha tous les moyens de servir et d'entretenir le goût de son Prince.

En 1677, il écrit sur le Droit d'Ambassade auquel prétendent les Princes d'Allemagne.

Il s'occupait avec lui à un genre d'amusements si instructif et si curieux, quand il s'offrit une nouvelle occasion de faire usage de son savoir en matière de Politique. Il avait déjà donné à ce sujet des preuves marquées de ses talents, par son Livre sur l'Election d'un Roi de Pologne. La question dont il s'agissait ici n'était moins délicate, ni moins difficile à manier. On en jugera par l'Exposé que je vais tâcher d'en donner.

Occasion de cet Ouvrage.

Les Puissances de l'Europe venaient d'envoyer leurs Ministres pour négocier entre elles un Traité de Paix au Congrès de Nimegue, Congrès fameux par les divers interêts qu'on eut à y ménager, par les avantages qu'en retira la France, et en particulier par la bataille qui fut livrée le même jour qu'on y signa un Traité de Paix. Entre les intrigues qu'on y mena, et les difficultés qu'on proposa à l'ouverture de l'Assemblée, on agita celle du droit qu'avaient les différents Princes d'envoyer des Ambassadeurs. On avait arrêté au Traité du Munster, que chaque Electeur pourrait envoyer un Ministre avec le Caractère d'Ambassadeur; mais que s'ils en envoyaient deux joints en même commission, on accorderait seulement au premier le Titre d'Excellence, et les autres honneurs dûs aux Ambassadeurs. On demeura d'accord de suivre de Règlement au Traité de Nimegue. Dès qu'on eut résolu d'admettre ainsi les Ambassadeurs des Electeurs, et ceux des Ducs de Modene et de Mantouë, les Princes de Neubourg, de Brunswick-Lunebourg, et les autres Princes libres de l'Empire qui n'étaient pas Electeurs, firent paraître la même prétention, et demandèrent les mêmes prérogatives. Ce fut pour défendre leurs demandes que M. Leibnitz, sous le nom déguisé de *Cæsarinus Furstenerius*, publia un Livre, qu'il intitula, *Du Droit d'Ambassade et de Souveraineté des Princes de l'Empire*.[50] Le faux nom de *Cæsarinus* qu'il prit, marquait qu'il était dans les interêts de l'Empereur; et celui de *Furstnerius*, qu'il était aussi dans les interêts des Princes.[51]

Plan de cet Ouvrage.

M. Leibnitz ne pouvait emprunter deux noms plus convenables à son but, et qui exprimassent mieux son dessein. Ils promettaient un grand art dans l'Ouvrage qu'ils annonçaient, et l'Auteur l'exécuta d'une manière également fine, délicate, et recherchée. Il posa pour premier principe la prééminence de l'Empereur au

---

50 *Cæsarini Furstnerii de Jure suprematus & legationis Principum Germania.* 1677. in 12.

51 *Furst*, en Allemand, signifie Prince.

dessus des Têtes Couronnées, et il alla jusques à établir que tous les États Chrétiens, du moins ceux d'Occident, ne sont qu'un Corps dont le Pape est le Chef Spirituel, et l'Empereur le Chef Temporel. Ce système était la Théorie de la conduite que tint l'Empereur au Congrès. Il permit à ces Ministres de traiter des Ambassadeurs des Electeurs comme ceux des Rois, ce que les Puissances Etrangères ne regardèrent pas tant comme un effet de sa complaisance, que comme un moyen propre à appuyer la différence de son rang, d'avec celui des Têtes Couronnées. Car puisqu'il y a une très grande différence entre l'Empereur et les Electeurs, s'il pouvait pas son exemple engager les Rois à traiter les Electeurs ainsi que les Têtes Couronnées, cela fortifierait extrêmement ses prétentions pour la différence du rang.

Quoi qu'il en soit d'une matière, qui sera à jamais contestée, notre habile Politique tire finement de cette prééminence de l'Empereur qu'il établit, des conséquences avantageuses pour les Princes libres de l'Allemagne, qui ne tiennent pas beaucoup plus à leur Chef que les Rois eux mêmes n'y devraient tenir; Qu'au moins leur élévation n'est pas beaucoup diminuée par l'espèce de dépendance où ils font de l'Empereur; Que leur origine, leur puissance, et leur élévation demandent par rapport au Droit d'Ambassade, qu'on ne mette aucune distinction entre eux et les Electeurs; Qu'en particulier, ils ont à juste titre les mêmes prétentions qu'on accordait à cet égard aux Princes et aux Républiques d'Italie, ayant la même Souveraineté sur leurs Duchés, leurs Vassaux, et leurs Sujets. Il appuye toutes ces raisons d'Exemples et de Faits historiques en faveur des Princes. Voilà en gros l'idée de son Ouvrage, qui lui fit beaucoup d'honneur, lui attira une plus grande consideration, et fut reçu du Public avec une avidité que cinq éditions consécutives purent à peine satisfaire. On y aperçoit effectivement une vaste lecture, une profonde connaissance du Droit Public, un détail de faits remarquables, de plusieurs petits faits qui regardent les Titres et le Cérémonial, mais surtout des tours recherchés pour ne blesser aucun des Partis, et ne rien dire qui pût devenir un jour préjudiciable à l'Auteur, ou aux Princes auxquels il était attaché.

Critique qu'en a fait M. Henniges.

Il était difficle qu'un Ouvrage de ce genre, sur une matière si intéressante et si litigieuse, demeurât longtemps sans réplique. Un Anonyme l'attaqua peu de temps après, par quelques remarques générales dont je me contente d'indiquer le Titre,[52] parce que l'Ecrit le plus fort contre le Livre de *Cæfarinus Furstenerius*, fut une Piece de M. Henniges, connu des Jurisconsultes par de savantes Observations sur le Traité de Grotius *De la Guerre et de la Paix*, qui lui procurèrent le Poste d'Envoyé du Duché de Magdebourg à la Diete de Ratisbonne.

---

52 *Notæ ae Animadversiones in Cæsarini Furstnerii Tractatum de Jure Suprematus ac Legationis Principum Germania.* Coloniæ Allobrogum 1682. in 12.

Cet habile homme, fort versé en ce genre de Science, auquel il s'était appliqué toute sa vie, fit sans se nommer une Réponse *à Cœfarinus Furstnerius*, écrite en bon Latin, et ce qui sied davantage à un Ministre, pleine de politesse.[53] Il y entreprit de faire voir que le Système Politique de *Cœsarinus Furstnerius* sur les Droits et la Prééminence de l'Empereur, n'était ni si clairement établi, ni si bien fondé que le pensait son Auteur; que sa notion de la Souveraineté n'était pas plus juste, et ne pouvait convenir aux Princes d'Allemagne, qui chacun en particulier sont sujets à l'Empire par une obligation réelle ou personelle; d'où il s'ensuivait qu'ils ne pouvaient envoyer des Ambassadeurs à qui le même Cérémonial pût être rendu qu'aux Electeurs ou aux Princes d'Italie, qui en avaient toujours eu et le droit et l'usage, et qui intervenaient par leur autorité et leur indépendance dans les Négociations de l'Europe; que les Princes d'Italie sont plus libres par rapport à l'Empire que les Princes d'Allemagne, et que tant par leurs Alliances, qu'à divers autres égards, on leur accordait des privilèges qu'on se croyait en droit de refuser aux autres; que pour les Electeurs, ils jouissaient par la Constitution de l'Empire, d'éminentes prérogatives au dessus des Princes, lesquelles prérogatives leur donnaient le droit d'Ambassade; enfin, que l'Auteur s'était trompé sur beaucoup de faits et d'exemples qu'il avait allegués.

---

53 Cette Réponse parut en 1687, & fut imprimée dans quelque ville d'Allemagne, sous le nom déguisé de *Hyetopoli*.

Jugement sur cette Critique.

Quelque bien fondée que paraisse cette Critique à plusieurs égards, elle ne doit pourtant point empêcher qu'on ne rende justice au Livre de *Cæsarinus Furstnerius*, et qu'on ne le regarde comme le meilleur Plaidoyé que les Princes d'Allemagne ayent à fournir en faveur de leurs prétentions, toutes les fois qu'il se présentera des occasions de les faire valoir par écrit. M. Henniges a eu tout le loisir nécessaire pour former son examen, et M. Leibnitz en a eu très peu pour composer son Ouvrage où d'ailleurs il a dû observer de grands ménagements, lever des difficultés presque insurmontables, et servir en particulier les intérêts d'un Maître auquel il était fort dévoué, et qu'il ne croyait pas de perdre si tôt.

En 1679, le Duc de Brunswick meurt et son successeur honore M. Leibnitz de la même protection.

Ce Prince néanmoins mourut peu de temps après, c'est-à-dire en 1679. Le Duc Ernest August, alors Evêque d'Osnabrug, qui lui succeda, conçut pour M. Leibnitz les mêmes sentiments de bienveillance, et ne manqua pas de se l'attacher particulièrement par ce moyen infaillible que les Princes ont toujours en leur disposition, par l'amitié qu'il lui témoigna, par l'estime qu'il lui fit sentir. De cette manière il l'engagea sans peine de travailler à l'Histoire de sa Maison; et ce fut pour s'acquitter dignement de ce travail, que M. Leibnitz entreprit de nouveaux Voyages en 1687. Pendant cet intervalle, il continua de s'appliquer à ses études de Théologie, de Philosophie, d'Histoire Naturelle, et de Mathématiques, car toutes ces Sciences l'occupaient à la fois.[54]

En 1682, parut le Journal de Leipzig auquel M. Leibnitz contribua beaucoup.

C'est par un effet de l'amour qu'il leur portait, qu'ayant appris qu'une Société de Gens de Lettres se proposait de donner un Journal Latin sous la direction de M. Otton Menckenius, il contribua de son possible au succès de ce dessein. Ce Journal parut en 1682, sous le nom d'*Acta Eruditorum*, et s'est depuis continué sans interruption d'une manière fort honorable. Il est tout rempli d'Extraits de Livres, de courtes Dissertations, de Brochures et autres Pieces semblables de la main de M. Leibnitz, qui roulent en particulier sur la plus sublime Géométrie; mais je me contenterai d'en donner un Catalogue chronologique, de même que de ses autres productions inserées dans les divers Journaux de l'Europe. Un plus grand détail menerait à l'infini, et je ne dois penser présentement qu'à resserrer ce qui me reste à dire sur les principaux Ouvrages de ce Savant qui parurent dans la suite.

---

54 Il forma dans ce temps là un commerce de Lettres avec M. Henri Eckardt Professeur en Mathématiques dans l'Académie du Rintel, avec M. Nicolas Stenon si commu des Anatomistes par ses belles découvertes, et même avec le Landgrave de Hesse, Prince curieux, qui se faisait honneur d'être de ses correspondants.

En 1687, 1688, 1689, il voyage en Allemagne & en Italie.

Celui auquel il a peut-être travaillé davantage, c'est à l'Histoire de la Maison de Brunswick, que le Duc Ernest Auguste l'engagea d'entreprendre. Pour remplir ce grand dessein, et ramasser les matériaux qui lui étaient nécessaires, il voyagea pendant les années 1687, 1688 et 1689, dans la Franconie, la Bavière, la Suabe, l'Autriche, et le reste de l'Allemagne. Partout il visita les Savants, les Bibliothèques, les Monastères, les Couvents, les Abbayes, les Tombeaux même, consultant partout les vieilles Chartres, les anciens Manuscrits et les Livres rares. Il passa d'Allemagne en Italie qu'il n'avait pas encore eu le bonheur de voir, et où il lui était d'autant plus nécessaire de voyager pour son entreprise, qu'autrefois les Marquis de Toscane, de Ligurie, et d'Este, sont sortis de la même origine que les Princes de Brunswick.[55] M. Leibnitz ne s'attacha pas moins à connaître ce dernier pays, si beau, et si curieux, toujours fertile en Grands-hommes, le centre des Arts Liberaux, des merveilles de l'Art et de la Nature, et des précieux restes de l'Antiquité. On juge bien qu'il profita de ce voyage comme des précédents, je veux dire, qu'il ne laissa rien échapper pour satisfaire son ardeur, ses recherches, et son goût passionné pour les Sciences.

---

55 Voyez la Lettre sur la Connexion des Maisons de Brunswick et d'Este.

De retour à Hannover en 1690, il arrange son grand ouvrage du Code Diplomatique, qui parut en 1693.

De retour à Hannover en 1690, il fit une révision de ce qu'il avait recueilli, et fut surpris de se voir fort riche, non seulement de Pieces concernant son Histoire de Brunswick, mais encore de morceaux très intéresants. Il commença par mettre en ordre ces derniers morceaux, et trouva même l'occasion de les augmenter considérablement de Traités que possedait la belle Bibliothèque de Wolffenbuttel nouvellement confiée à ses soins. Alors il forma du tout un ample Recueil, dont le premier volume parut en 1693, sous le titre de *Code Diplomatique du Droit des Gens*.[56] Pendant l'arrangement de cet Ouvrage, le Duc Ernest Auguste ayant été créé Electeur,[57] M. Leibnitz examina soigneusement l'institution et les prérogatives de cette Dignité, et fournit des Mémoires aux Ministres du Prince sur ce qu'il convenait qu'ils n'ignorassent pas dans cette circonstance.

Détail sur ce grand Ouvrage.

Le Code Diplomatique du Droit des Gens dont il s'agit ici, et qui mérite que nous en parlions avec étendue, est une Collection choisie d'Actes faits par des Nations, ou en leur nom, de Déclarations de Guerre, de Manifestes,

---

56 *Codex Juris Gentium Diplomaticus* &c. Hanoveræ 1693. in folio. Voyez le N. LXII du Catalogue.
57 En 1692.

de Traités de Paix ou de Trève, de Contracts de mariage de Souverains, de Bulles, de Dépositions, de Contre-Elections, de Transactions d'Erections de Principautés, de Sociétés de Navigation, d'Investitures, d'Hommages, de Ventes, de Dispenses, de Privileges, etc.

Ces Actes servent à éclaircir merveilleusement tout ce qui regarde le Droit des Gens, et c'est pourquoi M. Leibnitz a donné à son travail le Titre de Code de Droit des Gens. Il ne l'a pas appelé Pandectes, parce qu'il ne contient pas tous les Traités qui on été faits par tous les Souverains de l'Univers; ce ferait une tâche immense. Il ne l'a pas non plus nommé Digeste, parce qu'il ne suit pas l'ordre des matières; mais il l'a appellé Code, au même sens que le Recueil des Canons des premiers Conciles s'appelle Code de l'ancienne Eglise.

Le Code de M. Leibnitz est précédé d'une belle Préface de sa main, qui découvre et les Principes du Droit de la Nature et des Gens, et les usages des Actes contenus dans son Recueil tant pour le Droit que pour l'Histoire. Tout ce qui regarde le Droit se réduit aux Personnes, aux Choses, et aux Actes. Les Personnes sont celles qui sont indépendantes, et qui de leur chef ont le pouvoir de faire la guerre et la paix. Les Choses sont les Sujets, leurs biens, les fiefs, les domaines, les monnaies, les marchandises, et tout ce qui entre dans le Commerce. Les Actes sont les dispositions valables de Droit, faites en jugement ou hors de jugement, et des voies de fait. Ce Recueil contient des Titres qui donnent connaissances de toutes ces choses.

Utilités qu'on retire de ces sortes de travaux pour le *Droit, l'Histoire &c.*

Il y a des morceaux qui peuvent servir à illustrer le Droit Divin positif, et à concilier la puissance temporelle des Princes, avec la Puissance Ecclésiastique des Conciles et des Papes. Il y en a d'autres qui marquent jusqu'où s'etendait autrefois le pouvoir des Empereurs d'Occident, quels pays relevaient autrefois de leur puissance qui n'en relèvent plus aujourd'hui, quels Princes et quels États avaient part à leur Election, et quelle forme s'y observait. Les autres Pièces regardent les Têtes Couronnées, la France, l'Espagne, l'Angleterre etc. On doit mettre au nombre des morceaux rares à ce sujet, le Traité passé à Éstaples en 1492, entre Charles VIII Roi de France, et Henri VII Roi d'Angleterre, qui ne se trouve nulle part ailleurs que dans le Recueil de Traités de Duc Tillet.[58] M. Leibnitz s'est attaché surtout à ce qui concerne les Empereurs, les États d'Allemagne, les Electeurs, et en particulier l'Institution de ces derniers, sujet vraiment litigieux, et qui sera toujours contesté entre les Canonistes, les Jurisconsultes, et les Théologiens.

La plupart des Actes qu'il a rassemblés, avaient été ensevelis dans les ténèbres des Bibliothèques; et ceux qui avaient vu le jour, étaient devenus fort rares. Ceux qui sont compris dans ce premier Tome ont été passés

---

58 Jean du Tillet Sieur de la Bussiere, Greffier en Chef du Parlement de Paris, dont l'ouvrage fut imprimé à Paris en 1586, in folio.

depuis l'an 1096, jusqu'à l'an 1500. Ceux qui ont été faits depuis, sont réservés pour les Tomes suivants.

Cette étude est nécessaire à plus de personnes qu'on ne croit.

L'étude et la connaissance des Traités et des Conventions faites entre les Princes, est nécessaire à un plus grand nombre de personnes qu'on ne croit communément. Tout le monde convient que ceux qui sont chargés des affaires publiques, ne peuvent pas s'en passer; mais plusieurs ne comprennent pas assez, combien ceux qui écrivent l'Histoire font de vains raisonnements, et combien ceux qui la lisent l'entendent peu, pour ne pas savoir les conventions et les clauses qui servent de fondement aux differends et aux guerres. Il est donc aisé de voir de quel secours est un tel Recueil pour composer et pour étudier l'Histoire. L'autorité des Actes Publics que contiennent ces sortes de Collections, appuye et confirme les faits énoncés dans l'Histoire ordinaire, ou sert à les réfuter. Les Chartres et le Parchemin qui en sont les dépositaires, conservent mieux ces faits que ne ferait le bronze et le marbre, et les transmettent plus surement à la postérité la plus éloignée. De plus, ceux qui recherchent et qui étudient avec entente de pareils Recueils, en tirent comme d'une source abondante la vraie connaissance des affaires, et les maximes nécessaires à l'exercice de leur Emplois, et au service de leur Patrie. Ils y apprennent aussi des points de Doctrine qu'ils chercheraient vainement ailleurs, des Epoques, l'Institution des Ordres, le Cérémonial des Cours, le génie des Langues, des Peuples, des Négociateurs, et les notions de Droit. J'aurai donc raison de recommander l'étude de l'Art Diplomatique aux Princes, aux Ministres et aux Particuliers.

Il est vrai cependant que l'origine des Traités est d'ordinaire inconnue.

Il est bien vrai, qu'on ne peut remonter aux diverses causes, d'où procedent les Actes et les Traités qu'on lit aisément dans les Corps où on les recueille. Elles sont infinies ces causes, et presque toujours couvertes d'un voile si épais, qu'on ne saurait voir à travers. Tantôt c'est l'effet du jeu des passions, de l'interêt. de la haine, de la vengeance, de l'amour; tantôt de la crainte, de la surprise, de l'inexpérience, et de la différente habileté des Contractants. M. Leibnitz savait fort bien, (dit à cette occasion un des beaux génies de l'Europe[59]) que ce qui a produit ces Traités, ce sont une infinité de petits ressorts cachés, très puissants néanmoins, quelquefois inconnus à ceux même qu'ils sont agir, et presque toujours si disproportionnés à leurs effects, que les plus grands évenements en seraient deshonorés. Mais après tout, les faits restent certains, et il est intéressant de les connaître, quoiqu'on ne puisse pénétrer jusqu'à la source.

---

59 M. de Fontenelle, Eloge de Leibnitz. Hist. de l'Ac. des Sec. Ann. 1716.

Et souvent les Princes rompent les Traités qu'ils ont fait.

Il est encore vrai, et il n'est que trop vrai, que la plupart des Traités qui le contractent ne sont pas exécutés avec fidelité, et que ceux même qui les signent, contraints d'obéir à la necessité du temps, ont intention d'y contrevenir aussitôt que la fortune en présentera l'occasion favorable. Mais leur inconstance, ou leur mauvaise foi, n'empêchent point qu'il ne soit utile de savoir de quoi ils ont convenu, et ceux qui en conservent les articles, répandent une grande lumière sur l'Histoire.

Ainsi l'on doit être fort redevable au travail de M. Leibnitz en ce genre, et en général aux travaux de tous les habiles gens qui ont couru comme lui la même carrière d'une manière distinguée; tels que sont Mrs. Dupuy, le P. Mabillon, les PP. Martenne, Durand, et quelques autres de cette volée en fort petit nombre: car au fond ce n'est point un Recueil sur ce genre d'ouvrage qui honore quiconque le forme; mais le choix, le goût, l'exactitude, l'habileté, et la vérité qui y regnent, en font le prix.

En 1694 M. Leibnitz soutint contre Kulpisius que le titre de Grand-Porte Enseigne de l'Empire appartenait au Duc d'Hannover.

Il restait à M. Leibnitz beaucoup de Pièces curieuses pour un Supplément à son Code Diplomatique, mais il en differa la publication dans l'attente de nouvelles richesses que le Comte d'Oxenstiern, M. de Dankelman, et quelques autres personnes lui promettaient. Il fut d'ailleurs distrait de cette occupation par une suite d'études extrêmement variées, par un Système de Métaphysique qu'il méditait sur les Substances, et l'harmonie de l'Âme et du Corps, par un vaste commerce de Lettres, et par quelques Ecrits qu'exigeait son zèle pour la Maison de Brunwick. C'est par un effect de ce zèle, qu'il soutint contre Kulpisius, que le titre de Grand-Porte-Enseigne de l'Empire appartenait au Duc d'Hannover, Kulpisius prétendant au contraire que la Banniere de l'Empire était dûe légitimement au Duc de Wirtemberg.[60] C'est encore par les mêmes principes qu'il fit paraître en 1695, une Lettre sur la Connexion des Maisons de Brunswick et d'Este,[61] au sujet du mariage du Duc de Modene avec la fille ainée[62] de Jean Frederic Duc de Brunswick-Lunebourg, prédécesseur d'Ernest Auguste.

En 1695, il écrivit sur la connexion des Maisons de Brunswick & d'Este.

Après avoir montré dans cette Lettre, que l'origine des Maisons d'Este et de Brunswick est commune, et

---

60 Les écrits pour et contre sont en Allemand, et furent d'abord r'imprimés ensemble. Il a paru en Latin en 1727, à Tubingue une Dissertation en faveur de Kulpisius contre M. Leibnitz; le titre est, *De Vexillo Imperii Primario*, Authore Weinlando.
61 Publiée à Hannover en 1695. in 4.
62 Charlotte Felicité.

qu'elles descendent d'une même tige en ligne droite masculine, il prouve contre l'opinion de Jean Basptiste Pigna, Secrétaire d'État d'Alphonse II et le meilleur Historien sur cette matière,[63] que le mariage du Duc de Modene avec la Princesse de Brunswick renouvellait l'union entre ces deux grandes branches d'un même arbre, qui avaient été séparées depuis près de 700 ans. Ce fut par cet échantillon qu'il donna des preuves de sa capacité à débrouiller l'origine des Maisons, et ces anciens Titres Généalogiques enfoncés dans l'abîme du passé, toujours si obscurs, et toujours si précieux à la Noblesse.

En 1696, le Duc d'Hannover le fit son conseiller privé de justice.

Le Duc d'Hannover, très sensible à toutes ces marques du zèle de M. Leibnitz, le fit peu de temps ensuite par choix et par reconnaissance, un de ses Conseillers Privés de Justice; Emploi tout honorable, et d'autant plus gracieux qu'il ne le genait en rien, et qu'il lui laissait également l'entière liberté de consacrer son loisir à la gloire des Lettres.

---

63 L'Histoire de Jean Baptiste Pigna, intitulée *Historia de Principi di Este*, in Ferrara 1570 in 4. est très estimée. Elle a été en partie composée sur les Mémoires du Comte Faleti, qui avait fait un voyage exprès en Allemagne par ordre du Duc de Ferrare son Maître pour s'instruire sur cet article.

En 1698, il publia ses accessions historiques.

Engagé comme il était dans l'étude de l'Histoire, et avide de rassembler tout ce qui peut donner des lumières en ce genre, il crut qu'en travaillant par son Ouvrage du Code Diplomatique à répandre en général du jour sur cette Science, qu'un Philosophe moderne a nommé le Guide et la Maitresse de notre vie, il rendrait en particulier service à sa nation, en recueillant en un corps quelques anciens Écrits qui regarderaient principalement l'Histoire d'Allemagne. Il donna donc pendant les années 1696 et 1697, une partie de son temps à l'arrangement de ce recueil, et il le publia en 1698, sous le titre *d'Accessions Historiques.*[64] Si cet ouvrage n'est pas un morceau de génie, c'est toujours un ramas utile de pièces rares manuscrites, cachées auparavant sous la poussière des Bibliothèques, et échapées à la vigilance de Freher, de Reuber, de Goldast, de Meibom, de Lindenbrog, et de quelques autres qui ont tous précédé M. Leibnitz dans ces sortes de recherches.

En 1699, il fut reçu dans l'Académie Royale des Sciences.

D'abord que l'Académie Royale des Sciences de Paris, formée en 1666, put par le Règlement de l'année 1699 choisir dans son Corps des Associés Etrangers, elle ne

---

64 *G.G. Leibnitii Actessiiones Historicæ.* Tom. I. Lipsiæ 1698, in 4. *Accessionum Historicarum* Tom. 2. Hanoveræ 1698. in 4.

manqua pas de faire l'honneur à M. Leibnitz de lui donner une des premières places: honneur qui était alors, et qui est encore aujourd'hui, la marque de distinction la plus grande et la plus précieuse que puisse recevoir un Homme de Lettres susceptible de quelque élevation de sentiments.

M. Leibnitz, aussi touché qu'homme au monde de ce genre de gloire, écrivit à Mrs. de l'Académie une Lettre de remerciement,[65] dans laquelle il leur marquait sa sensibilité, et la joie qu'il ressentait de voir que ses faibles Ecrits n'avaient pas déplu à de si grands Hommes, et à des juges si exacts. Il ajoutait, qu'il esperait que cela lui procurerait l'avantage de pouvoir jouir quelquefois avant le Public des nouvelles lumières que les Membres de leur Société decouvraient tous les jours dans les Sciences, et que leurs avis et leur concours pourraient l'aider et le redresser lorsqu'il s'agirait de perfectionner et d'exécuter quelques pensées qu'il avait encore, et qui lui paraissaient de quelque usage. Il finissait sa Lettre pour demander leur sentiment sur la réformation du Calendrier Grégorien, qui faisait grand bruit en Allemagne, et qu'on était résolu de règler par le secours des plus excellents astronomes. Tout le monde fait que comme le Congrégation des Rites à Rome se mêlait fortement de cette affaire, l'Académie se vit obligée de répondre simplement à M. Leibnitz, qu'un de leurs Académiciens[66] étant sur le point de publier des Tables

---

65 Datée du 8 Fevrier 1700.
66 M. de la Hire.

du mouvement des Planètes, qui seraient sans doute des plus exactes, elle ne voyait rien de mieux à faire que d'en attendre la publication.

En 1700, il fonda une Académie de Sciences à Berlin.

L'on sent dans la Lettre de M. Leibnitz que je viens d'extraire, qu'outre le plaisir si naturel d'avoir d'une manière distinguée une place dans une académie qu'il prisait extrêmement, place au fond que son mérite et la renommée lui assurait, il se promettait surtout de tirer de grands avantages de cette association pour l'avancement des Sciences. C'était là le point de vue où rendaient ses premiers desirs. Convaincu que tous les habiles gens ne sauraient trop se communiquer leurs lumières, et saississent d'un coup d'oeil tout le fruit qui peut résulter de l'établissement de Companies de Savants qui concourent à ce noble but, et qui sont protegés d'un Prince, il inspira à l'Electeur de Brandebourg[67] le dessein de fonder une Académie de Sciences à Berlin, et il eut le bonheur de voir ce dessein réussir sur le plan qu'il avait donné; de sorte que par une glorieuse Epoque, il se vit presque en même temps aggregé à une illustre académie étrangère, et le Fondateur pour ainsi dire d'une nouvelle Académie dans son pays; du moins l'électeur lui en remit uniquement la direction, et l'en déclara Président perpétuel. Suivant son règlement, les

---

67 Qui fut créé Roi de Prusse l'année suivante 1701.

membres de cette académie devaient embrasser toutes les sciences, à l'exception de la théologie et du droit. Mais le fruit de leurs travaux, auxquels le président eut la plus grande part, n'ayant été rendu public qu'en 1710, nous renvoyons à ce temps-là d'en fire mention.

Cette même année il publia le 2 Tome du Code Diplomatique.

Sur la fin de cette année, M. Leibnitz mit au jour le Supplément, ou le second Tome de son *Code Diplomatique*.[68] Dans le premier il suivait l'ordre des temps, et dans celui-ci il rassemble tout ce qui se rapporte à un même sujet. L'Auteur l'a orné d'une Préface dans laquelle il donne aux diverses personnes qui lui avaient communiqué des Pièces rares, ou qui même l'avaient averti de quelques fautes glissées dans le premier Volume, les louanges d'un homme reconnaissant, et les remerciements sincères d'un amateur de la vérité. M. le Comte d'Oxenstiern Premier Ministre de Suède, et M. le Baron de Dankelman alors Président dans tous les Etats de l'Electeur de Brandebourg, étaient du nombre de ceux qui lui avaient fourni de grands secours. Il avait aussi obtenu quantité de choses curieuses des papiers du Cardinal de Granvelle, Ministre tout-puissant de Charles V et de Philippe II; homme consommé dans les affaires, chargé d'honneurs et d'érudition, et dont les

---

68 Sous le nom de *Mantissa Codicis Juris Gentium Diplomatici*. Hanoveræ 1700. in folio.

papiers, disons mieux, les Trésors historiques tombèrent
entre les mains de l'Abbé Boizot,[69] qui répandant
partout ses richesses avec plaisir, avait eu la bonté d'en
communiquer une partie à M. Leibnitz.

Recension de cet Ouvrage.

Ce second volume du *Code Diplomatique* renferme,
entre autres morceaux, un Traité du Chancelier de
Bourgogne touchant les prétentions et les démêlés
entre la France et la Bourgogne sous Maximilien I; un
autre Traité dédié à Louis XI sur les différends arrivés
entre les Rois de France et d'Angleterre; les anciens
Actes de l'élection du Roi des Romains; les Statuts des
Ordres de la Toison d'Or, du St. Esprit, de la Jarretière
etc. un Cérémonial de l'Eglise Romaine pendant la
vacance du St. Siège, depuis la mort de Sixte IV jusqu'à
l'élection d'Innocent VIII par Jean Burchard Maître
des Cérémonies. M. Leibnitz a encore inseré dans ce
volume divers Conciles tenus en Allemagne. Il avait sur
ce sujet une opinion vraiment singulière, mais que je me
contenterai simplement d'exploser, laissant à chacun de
soin d'en porter le jugement qu'il voudra. Il prétendait
que les Ordonnances et les Decrets de l'Eglise font
partie du Droit des Gens, en ce que tous les États
Chrétiens forment une espèce de Corps qui a ses statuts
selon lesquels il se gouverne. C'est pourquoi il est surpris
que personne ne se soit avisé en Allemagne de recueillir

---

69 Jean Baptiste Boizot, Abbé de *St Vincent*, de Bezançon.

tous les Conciles qui s'y sont tenus, comme a fait le P. Sirmond pour la France, Spelman pour l'Angleterre, et le Cardinal d'Aguirre pour l'Espagne.

Il se présente encore une remarque générale sur l'Ouvrage entier du Corps Diplomatique. Elle regarde le soin qu'a pris M. Leibnitz d'y ramasser les pièces les plus propres à établir ou conserver les diverses prétentions de l'Empire. Inférieur à la vérité dans ses recherches, mais animé néanmoins par l'exemple des Français ses contemporains, habiles à ne rien négliger en ces matières, et aidés de la munificence de Louis XIV pour fouiller partout où ils croyaient déterrer de quoi appuyer les Droits et les prétentions de la France, M. Leibnitz eût bien voulu que la Cour Impériale pour laquelle il travaillait, eût secondé plus amplement les travaux.

En 1701 il insera diverses pieces dans les Journaux.

Je passe sous silence les Brochures que publia ce Savant pendant le cours de l'année 1701 dans le Journal de Trevoux, sur la génération de la Glace, la démonstration Cartésienne de l'Existence de Dieu, et sur quelques points de Littérature; de même que les Pièces qu'il insera dans un nouveau Journal[70] de M. Eccard, sur

---

70 Composé en Allemand sous le titre d'*Aussug neuer Bucher*, & commencé en 1700 à Hannover. Ce fut dans cette ville que M. Leibnitz lia en 1698 une connaissance fort étroite avec l'Auteur de ce Journal, M. Eccard, surnommé (Jean George), qu'il ne faut pas confondre avec M. Henri Eccard, ni avec M. Tobie Eccard, tous deux Allemands, et ses

les principes du Droit, les prérogatives de la Majesté Royale, à l'occasion du Couronnement du Roi de Prusse nommé auparavant l'Electeur de Brandebourg, et sur des Médailles de l'Empereur Gratian.

En 1702 il communique à l'Académie Royale son invention d'une Arithmétique binaire.

Mais je ne puis supprimer l'invention d'une Arithmétique Binaire qu'il communiqua en 1702 à l'Académie Royale des Sciences de Paris, et dont il avait déjà envoyé la méthode plus de deux ans auparavant au R.P. Bouvet, célèbre Jésuite Français qui résidait à Pekin. Tout le monde fait que notre calcul ordinaire d'Arithmétique se fait suivant la progression de dix en dix. Nous nous servons de dix Caractères, qui font, 0, 1, 2, 3, 4, 5, 6, 7, 8, 9, lesquels caractères signifient zero, un, deux, trois, et les nombres suivants jusqu'à neuf inclusivement; et puis allant à dix, nous recommençons, et nous écrivons dix par 10, et dix fois dix par 100, et dix fois cent par 1000, et dix fois mille par 10000, ainsi de suite.

Analyse de sa méthode.

Au lieu de cette progression de dix en dix, M. Leibnitz a trouvé une progression plus simple, et même la plus simple de toutes, qui est de deux en deux; car il

contemporains. Nous aurons peut-être occasion de parler dans la suite de M. Jean George Eccard, habile homme, tres versé dans l'Histoire d'Allemagne, et qui fut toujours le grand ami de M. Leibnitz.

n'employe dans toute son Arithmétique que deux Caractères, 1 & 0. Le Zero a la puissance de multiplier tout par deux, comme dans l'Arithmétique ordinaire il multiplie tout par dix. Ainsi 1 selon lui fait un, 10 deux, 11 trois, 100 quatre, 101 cinq, 110 six, 111 sept, 1000 huit, 1001 neuf, 1010 dix et ainsi du reste. Ce qui est une méthode entièrement fondée sur les mêmes principes que l'Arithmétique commune dont nous faisons usage.

L'on peut objecter contre cette manière de compter de M. Leibnitz, qu'elle serait très incommode par la grande quantité de caractères dont elle aurait besoin, même pour de très petits nombres. Il lui faut par exemple quatre caractères pour exprimer huit, que nous exprimons par un seul; outre qu'on est accoutumé à notre méthode ordinaire, par laquelle on n'a point besoin de chercher ce qu'on a appris par cœur: il suit de là que notre pratique de calculer par dix est plus abregée, et que les nombres y sont moins longs. Aussi M. Leibnitz qui a senti ces difficultés, ne veut-il pas faire passer son Arithmétique dans un usage populaire. Mais il prétend que son calcul par deux Caractères, c'est-à-dire par 0, et par 1, en récompense de sa longueur, est le plus fondamental pour la Science, et donne de nouvelles découvertes, qui se trouvent utiles ensuite, même pour la pratique des nombres, et surtout pour la Géométrie, par la raison que les nombres étant réduits aux plus simples principes, comme font 0 et 1, il s'élève un ordre merveilleux pour toutes les combinaisons.

Ce qu'il y a de singulier dans la Méthode Arithmétique de M. Leibnitz, c'est qu'elle semble contenir le mystère des Lignes d'un ancien Roi et Philosophe de la Chine nommé Fohy, qu'on croit avoir vécu il y a plus de quatre-mille ans, et que les Chinois regardent comme le Fondateur de leur Empire et de leurs Sciences. Du moins le R.P. Bouvet manda de la Chine à M. Leibnitz, qu'il croyait que sa méthode était la Clé des figures de Fohy.

Quoi qu'il en soit de cette découverte, si M. Leibnitz ne s'est pas rencontré avec l'Empereur Chinois, du moins il s'est rencontré avec un Académicien de la Société Royale de Paris,[71] qui en étudiant le sytème des Logarithmes, y a observé des défauts et des inconvénients, dont il n'a pu trouver le remède que dans l'Arithmétique binaire.[72] Mais je laisse aux habiles Géometres à pousser les avantages de ce Calcul, ou à en prouver les défauts. J'ajouterai seulement, que M. Caze, grand Méchanicien, habitué en Hollande, et connu du Public par ses *Stateres* ou *Romaines Balancées*, avait inventé avant l'année 1700, une Machine sur l'Arithmétique Binaire, composée de Coraux enfilés dans différentes soyes, à la manière des Chinois, avec laquelle il faisait les mêmes opérations, aussi simplement que commodément. Cette machine curieuse que j'ai vue, mais dont il me serait difficile de donner une exacte description, est aujourd'hui entre les mains de Monsieur son fils, homme de goût, et qui

---

71 M. de Lagny.
72 On doit aussi à Mr. Dangicourt un morceau curieux sur l'Arithmétique Binaire, qu'il a inseré dans *les Miscellanea Berolinensia*, pag. 336.

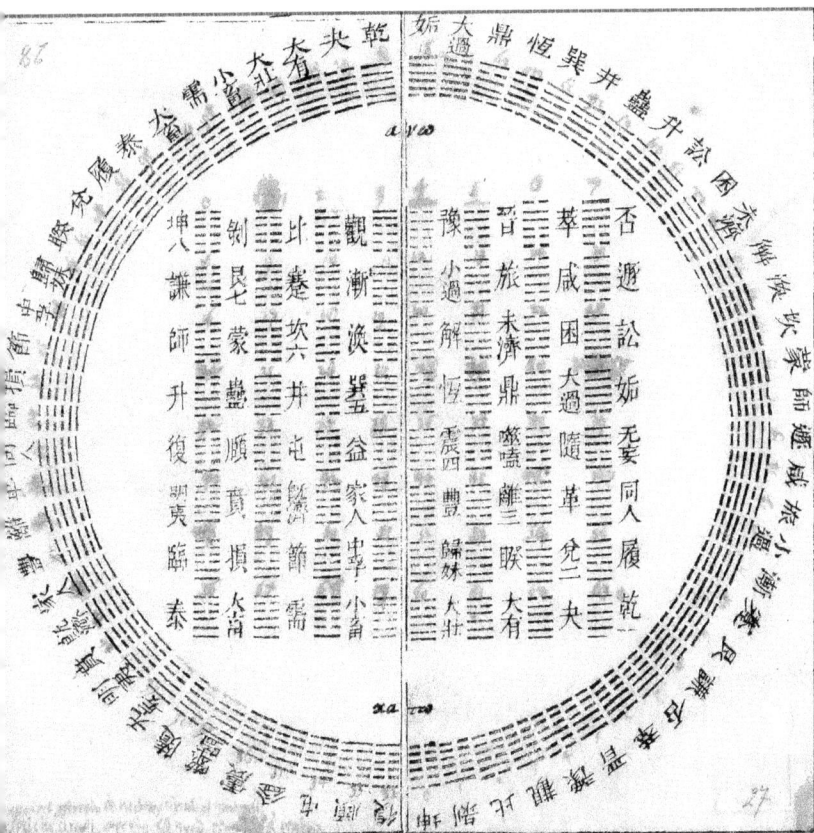

Diagramme des *I Ching* hexagrammes donnés par le Jesuit Joachim Bouvet à Gottfried G. Leibnitz. Les chiffres arabes ont été ajoutés par Leibnitz. Daté 1701.

entend l'art de jouir des douceurs d'un loisir utilement et agréablement occupé.

En 1703, il commence à travailler à un Projet de Langue Universelles.

Il parait que la Lettre que le R.P. Bouvet écrivit à M. Leibnitz sur les charactères Chinois, lui fit naître l'ingénieux et vaste projet d'une caractéristique universelle. Il n'était pas ici question d'inventer un Alphabet universel qui contînt l'énumération de tous les sons particuliers ou lettres dont se servent les divers peuples de l'Europe, et d'en fixer la prononciation, au moyen de quoi chaque Nation pût être capable de lire et de prononcer le langage des autres, aussi aisément que sa propre langue; idée qu'a eue un Anglais,[73] et dont il a donné un Essai dans les Transactions Philosophiques.[74] Il ne s'agissait point non plus de réduire les peuples à une seule langue, et de les engager à ne parler uniquement que celle-là; le dessein serait chimérique, et quand même on en viendrait à bout, il ne subsisterait pas vraisemblablement fort longtemps.

Recension de ce Projet.

Mais le plan de M. Leibnitz était d'imaginer un langage philosophique, des caractères réels, qui au lieu de nom,

---

73 M. Lodowic.
74 Num. 182. pag. 126. & dans l'Abregé des Transact. de Lowthorp & de Jones au Tom. III. pag. 373.

exprimassent les idées, qui fussent clairs et faciles, et pussent servir du moins aux Gens de Lettres de divers pays. Le Dr. Willtins [75] Evêque de Chester, et Dalgarme, avaient autrefois travaillé à un pareil projet. Cependant M. Leibnitz, dès le temps qu'il était en Angleterre, avait déjà dit à Mrs. Boyle et Oldenbourg, qu'il ne croyait pas que ces grands hommes eussent encore frappé au but, ni que leur méthode fût assez proper pour faciliter la mémoire, le raisonnement, et la représentation des choses. Il pensa donc à en inventer une toute différente et toute nouvelle, dont les caractères devaient ressembler autant qu'il était possible aux caractères d'Algèbre, qui sont très simples et très expressifs, qui n'ont jamais ni superfluité, ni équivoque, et dont toutes les variétés sont raisonnées.

Pour cet effet il avait arrangé une espèce d'alphabet des pensées humaines, qu'on trouva dans ses papiers après sa mort, et il avait chargé un jeune homme de mettre en ordre des définitions de toutes les choses: Travail immense, hérissé de difficultés, et presque inépuisable! C'est là tout ce que nous savons du plan de M. Leibnitz, parce qu'il ne nous est parvenu aucun échantillon de sa méthode, lui-même ne se proposant

---

75 Son Livre à ce sujet est intitulé *An Essay towards a Real Character, and a Philosophical Language*, London 1668. in folio, & se trouve dans la Collection de ses Oeuvres Philosophiques. Le Dr. Hook en était fort enchanté. Un Anonyme publia aussi en 1720, dans le Journal Literaire Tom. II. premiere Partie, une jolie Brochure en forme de Dialogue sur la possibilité d'un caractere universel, qui serait commun à toutes les langues de l'Europe.

de la produire, que quand il l'aurait mise dans l'état de perfection qu'il souhaitait. Mais quoiqu'il se soit appliqué à cette recherche dès l'an 1703, sa vie dissipée par cent diverses occupations, n'a pas été assez longue pour exécuter ce dessein.

On ne peut disconvenir que ce ne fût un coup d'Etat pour la République des Lettres, que d'introduire un langage rationel parmi les savants, afin de moins qu'à leur égard, la Terre devînt *labii unius*, comme elle était avant la destruction de cette malheureurse tour. Mais l'exécution d'une telle entreprise semblerait plutôt demander la main d'une Société entière d'habiles gens, que l'étude d'un seul particulier. Il faudrait forger des signes simples, aisés, clairs, intelligibles partout, dont on se servît sans confusion, sans équivoque, et qui pussent en même temps exprimer les combinaisons infinies des idées, si obscures, si peu connues, et si étrangement variées. Peut-on se flater d'inventer des caractères qui réuniraient en soi toutes ces qualités?

Une telle espérance n'est-elle pas l'image du chimiste qui se flatte de donner au vif-argent la fixation, la ductilité et la pesanteur de l'Or?

Ce n'est pas tout: je suppose qu'on vînt à bout de trouver ces sortes de caractères; quelque bien imaginés, quelque commodes, quelque utiles qu'il parussent aux yeux des Inventeurs, il faudrait encore persuader aux autres hommes de les mettre en usage, et cela ne serait peut-être pas moins difficile. Quels obstacles n'aurait-on pas à surmonter? Cette heureuse découverte, n'en doutons point, viendrait échouer contre la jalousie, la paresse, les préjugés et la difficulté d'apprendre une nouvelle langue plus épineuse que celle que l'on parle dès le berceau. On ne met guères la bèche pour défricher des terres étrangères dont on ne voit point la récompense, quand on a celles de son propre fonds, qu'on peut cultiver avec fruit et avec aisance. Chaque peuple est porté de préjugé et d'inclination à suivre uniquement sa langue maternelle, et il en tient l'acquisition préférable à toutes autre nouveauté. Témoin les Turcs, qui soutiennent qu'il n'y a que leur seule langue qui soit de bon usage en ce monde, qu'en Paradis on parlera Arabe, et que le jargon des Persans leurs mortels ennemis est réservé pour l'Enfer. Témoin encore cet Espagnol, qui assurait que sa langue était tellement propre pour le commandement, que Dieu s'en servit lorsqu'il fit défense à Adam de manger d'un des fruits du Paradis terrestre; que le Serpent séduisit Eve en Italien, le plus persuasif de tous les langages; et que notre premier Père s'excusa en Français, qui lui fournit les termes les plus propres dont il pouvait former une excuse. Concluons de ces préventions si universelles, et si enracinées, qu'il ne faut pas penser que le langage réel, ou philosophique, fît plus de fortune dans le monde, qu'il y a lieu d'espérer la réunion des différents langages nominaux en un seul.

La même année 1703, il pense à établir une Académie à Dresde &c.

Je reviens à M. Leibnitz, pour ne pas manquer de faire ici mention de deux autres nouveaux projets, qu'il forma cette même année 1703: l'un pour l'avancement des Sciences, en solicitant Frederic Auguste Roi de Pologne, et electeur de Saxe, d'établir, à Dresde une Académie qui eût correspondance avec celle de Berlin: l'autre pour l'avantage de son pays, en obtenant du même Prince, le privilège de faire planter des Meuriers dans tous les endroits de la Saxe qu'il jugerait à propos, pour l'entretien des Vers à soie.

Son Projet manque & pourquoi.

Cependant ces deux projets échouèrent par une même cause; non par l'impossibilité du succès, ni par le refus du Roi, Prince également généreux et magnifique; mais par les troubles, et les désordres continuels de la guerre, où la fortune que se joue des Têtes Couronnées, voulut envelopper ce Monarque, tantôt le dépouillant du Trône qu'elle venait de lui donner, et tantôt se plaisant à l'y remettre, mais en l'y plaçant toujours d'une manière assez chancelante.

Depuis 1704 jusqu'à 1707, il travaille au Recueil des Historiens de Brunswick.

Depuis l'année 1704 jusqu'en 1707, M. Leibnitz occupé presque uniquement de son Recueil des Historiens de Brunswick, ne parut sur la scene,[76] que par un écrit politique en faveur du Roi de Prusse; écrit qui fit alors grand bruit, et dont je dois du moins indiquer le sujet, et rappeler dans la mémoire de mes lecteurs, les raisons qui l'occasionnèrent.

Pendant cet intervalle, il fit un mémoire pour justifier les droits du Roi de Prusse à la succession de la Principauté de Neufchâtel.

Anne Marie d'Orléans Longueville, Duchesse de Nemours, Souveraine de la Principauté de Neufchâtel, après avoir essuyé dans ce poste bien des traverses et des chagrins, dont la condition des Grands n'est pas plus exempte que celle des autres hommes, se trouvait dans une extrême vieillesse, présage assuré d'une mort prochaine. Mrs. de Neufchâtel qui ont le droit d'élire leur Maîtres, et qui du reste se governent en forme de République, l'avaient choisie en 1694 pour leur Souveraine, en qualité d'héritière de la Maison de Longueville. Mais cette élection ne se fit point sans de grandes oppositions de la part de deux des principaux concurrents; l'un était le Prince de Conti, qui soutenu par

---

76 A quelques brochures près, qu'il inséra dans les journaux. Ce fut aussi pendant cet intervalle que lisant un Traité de M. Burnet Evêque de Salisbury, où il traitait de la Prédestination, & de l'Eucharistie, dans la vue de réunir les Luthériens avec les Calvinistes, M. Leibnitz trouvant que cet habile homme n'avait pas assez examiné le fond de la controverse, il prit la liberté de lui envoyer ses observations manuscrites; & on assure que l'Evêque de Salisbury convint ingénuement, & en grand homme, que les observations de M. Leibnitz étaient justes.

la France, prétendait à la Principauté de Neufchâtel, en vertu du Testament du feu Duc de Longueville; l'autre compétiteur était le Roi d'Angleterre, Guillaume III, qui comme héritier de la Maison de Chalons, autrefois en possession de cette Souveraineté, la reclamait sur la Maison de Longueville.

Dans l'état caduc de la Duchesse de Nemours, et la situation des affaires de l'Europe, Mrs. de Neufchâtel jugèrent sans peine, qu'ils n'auraient pas à éprouver de moindres embarras pour la succession de leur Principauté, après la mort de la Duchesse. Ils prévirent aisément que d'un côté le Marquis de Matignon y prétendrait, comme héritier du Chef de la Maison de Longueville; que le Prince de Conti renouvellerait sans doute ses anciennes prétentions; et qu'enfin le Roi Guillaume étant mort, le Roi de Prusse ne s'opposerait pas moins de toutes ses forces à ces deux Concurrents. Ces prévoyances se trouvèrent très justes. Le Roi de Prusse, informé que la Duchesse de Nemours tendait peu à peu à la fin, prit de bonne heure ses mesures pour assurer ses demandes sur cette Souveraineté. En Prince habile, il commença par conclure en 1704 avec le Duc de Marlborough, un Traité secret, ratifié en conséquence par l'Empereur, la Reine de la Grande Bretagne, et les Etats Généraux. En même temps il consulta ses ministres pour employer quelque habile homme, capable de justifier aux yeux du Public la justice de ses prétentions.

M. Leibnitz se chargea de ce soin, et le Mémoire qu'il fit à ce sujet, dont malheureusement je ne sais pas le titre,[77] parut, je pense, au commencement de 1706. J'eusse été charmé, pour rendre l'histoire de ses Ouvrages plus exacte, et pour satisfaire ma curiosité particulière, d'avoir vu cet écrit. Mais quelques recherches que j'aie faites en ce pays, je n'ai pu le rencontrer ni chez les libraires, ni chez aucune personne de ma connaissance. Je serais d'autant plus curieux d'apprendre le genre de preuves qu'il a mis en usage, que dans les divers Mémoires que présentèrent dans la suite à Mrs de Neufchâtel, en faveur du Roi de Prusse, le Comte de Metternic son Ambassadeur, M. Stanian Envoyé d'Angleterre, et M. Runckel secrétaire des Etats généraux, on ne s'attacha presque, qu'à faire valoir par des tours éloquents, les belles qualités de ce Prince, sa puissance, son rang, ses alliances, la conformité de sa Religion, et son zèle à la maintenir. Raisons fortes, à la vérité, et très propres à faire impression; mais outre ces motifs, le Roi de Prusse revendiquait juridiquement son droit sur la Principauté de Neufchâtel, comme antérieur au droit de la Maison de Longueville.

J'aurais donc voulu savoir, de quelle manière M. Leibnitz prouve à cet égard la validité des Droits de ce Prince, et renverse ceux des autres Concurrents. Comment détruit-il les prétentions du Marquis de Matignon, qui se présentait comme héritier du Chef de la Maison de Longueville, Maison dont les Ancêtres

---

77 *Information Sommaire pour la succession de sa Majesté Prussienne aux Comtés de Neufchâtel & de Wailengin,* imprimée d'abord en Hollande in fol. d'une soixantaine de pages de gros caractère, sans nom d'auteur, ni d'imprimeur, ni date du temps.

jusqu'à Madame de Nemours, avaient été depuis près de trois cents ans, en possession paisible de cet Etat? Si M. Leibnitz soutient les Droits du Roi de Prusse, en tant qu'héritier de la succession du feu Roi Guillaume, comment ce Droit là est-il encore indécis, et contesté par les Etats Généraux, par rapport aux biens du Roi Guillaume situés dans les Pays-Bas? S'il défend ce Monarque par la raison de la Donation du Prince d'Orange, comment refute-t-il le Prince de Conti, qui alleguait en sa faveur des Droits semblables, pris du Testament du feu Duc de Longueville? Toutes ces difficultés m'ont fait naître un vif désir de lire l'écrit de M. Leibnitz, où elles se trouvent peut-être éclaircies ou levées. Quoi qu'il en soit, pour ne point m'étendre trop longtemps sur une affaire aujourd'hui decidée, et dont le sujet n'entre ici qu'incidemment, je passe à quelques considerations sur le grand Ouvrage des Historiens de Brunswick.[78]

En 1707 parut la Collection des Historiens de Brunswick, Tom. I. le Tom. 2 en 1710, & le Tom. 3 en 1711.

Il est divisé en 3 volumes. Le premier parut en 1707, le second en 1710, et le troisième en 1711. Dans la vue de fournir des mémoires pour l'Histoire de la Maison de Brunswick, il a recueilli dans cet Ouvrage, tous les

---

78 Intitulé *Scriptores Rerum Brunsvicensium illustrationi inservientes* &c. Hanoveræ, 1707, 1710 & 1711.

Auteurs qui en peuvent donner connaissance, soit pour la Géographie du Pays de la domination de ces Princes, soit pour leur Généalogie, soit pour leurs Titres, soit pour les faits de leurs Ancêtres.

On regarde partout les collections qui ont rapport à l'Histoire particulière de divers Peuples, comme extrêmenent utiles; et heureusement il est peu d'endroits, où on n'ait eu des Citoyens, qui se soient appliqués à un genre de recherches aussi avantageux. Melchior Goldaft a ramassé, et a publié les anciens Historiens qui ont traité de l'Allemagne proprement dire; Jean Pistorius, ceux de Pologne; le P. Bohuslas Balbin, ceux de Boheme; Antoine Bonfinius, ceux de Hongrie; Pierre Scriverius, ceux qui ont parlé des Pays-Bas; Camille Peregrin et Felix Osius, les Lombards; Erpold Lindenbrog, les Historiens du Septentrion; Louis Antoine Muratori, les Ecrivains d'Italie; Antoine Caraccioli, les Napolitains; et je ne sais combien d'autres sur la France, et sur l'Angleterre, dont le détail serait des plus vastes. En effet, c'est véritablement l'intérêt d'un Etat, qu'on rassemble soigneusement tout ce qui le concerne; et son bonheur est, que ce ramas soit fait par des mains habiles et fidèles.

Contenu de cet Ouvrage.

Le Duché de Brunswick n'a rien à souhaiter sur ce point, depuis que M. Leibnitz, en répondant à l'intention des

Princes qui le gouvernent, s'est chargé de cette peine, et a rédigé dans son Ouvrage, tout ce qu'il y a d'ancien, et d'important, par rapport à ce pays là. Mais outre les morceaux qui touchent de près ce Duché, il y en a divers autres, qui ne lui appartiennent que de loin, et qui interessent en général les curieux des autres Nations. Tels sont les Extraits qu'il a tirés de ce qui se trouve dans les anciens Auteurs, touchant les Peuples qui habitaient les rives de l'Elbe et du Weser, dans Strabon, Velleius Paterculus, Pomponius Mela, Suetone, Solin, Dion, Eutrope, Ammien, Claudien, et principalement dans Pline et Tacite; auxquels il a ajouté des Notes qui servent à en donner l'intelligence, et à exposer ses propres conjectures. Tels sont les articles qui concernent la Saxe, ses monastères, le temps de leur établissement, ou de leur réforme, les noms et les principales actions des fondateurs et des réformateurs. Telle est encore une pièce considerable qui contient l'Histoire de Milan, la fondation de cette Ville, les révolutions qu'elle a essuyées, ses Princes, ses Evêques, et ses Conciles.

Il suit de tout cela, que ce Recueil, parsemé d'ailleurs de curieuses remarques, et formé de Pièces qui ont précedé la Réformation, dont une partie n'avait point vu le jour auparavant, et dont les autres ont été retouchées sur les manuscrits originaux, il suit, dis-je, qu'un tel recueil mérite toujours l'estime et la considération qu'il s'est acquis dès sa naissance.

Remarques à ce sujet.

A la vérité, tous les morceaux n'en sont pas du même prix. Ce qui concerne par exemple les Litanies anciennes, les Translations de Reliques, les vies qu'il y a inseré de saints, de saintes, et d'autres personnes distinguées par leur pieté, n'ont pas vraisemblablement paru à tout le monde des pièces également précieuses, ou nécessaires. Mais cependant, qu'on l'examine de près, on en peut tirer pour l'étude de l'Histoire, la connaissance des temps et des lieux, des réflexions générales, des rapports, des éclaircissements, et des conséquences délicates, qu'on ne doit point regarder comme des choses indifférentes. Pour ce qui est de l'origine et de la descendance des Princes de Brunswick, si notre illustre auteur diffère à quelques égards de Messieurs Du Cange, Du Chesne, et autres Historiens, c'est parce qu'il n'est pas possible de porter une clarté partout lumineuse sur un sujet si embrouillé et si ténèbreux. Après tout les Généalogies, au sentiment de bien des gens, ressemblent à des Perspectives, où les erreurs sont aisées, séduisantes, et même nécessaires dans l'éloignement.

Au Recueil des Ecrivains de Brunswick, devait succeder l'Histoire même de Brunswick, qui n'a point vu le jour, et dont le seul Plan que je vais indiquer,[79] est parvenu à ma connaissance.

---

79 C'est M. de Fontenelle qui me le fournit, & qui en a été parfaitement informé, puisque le Plan qu'il nous a donné, est précisément le même que M. Eccard trouva marqué dans un des Papiers de M. Leibnitz, & que Mrs. les Journalistes de Leipzig inserèrent dans leur Journal de l'année 1717, pag. 360.

A ce Recueil devait succeder l'Histoire de Brunswick. Quel en était le plan.

Il la faisait préceder par une ample Dissertation sur l'état de l'Allemagne, tel qu'il était avant toutes les Histoires, et qu'on le pouvait conjecturer par les monuments naturels qui en étaient restés, des Coquillages pétrifiés dans les terres, des pierres où se trouvent des empreintes de Poissons ou de Plantes, et même de Poissons ou de Plantes qui ne sont pas du pays; Sujet d'Histoire Naturelle bien digne de méditation, mais rempli de difficultés, quelque système qu'on embrasse![80] De là il passait aux plus anciens habitants dont on ait mémoire, aux différents Peuples qui se sont succedés les uns aux autres dans ces pays, et traitait de leurs langues, et du mélange de ces langues, autant qu'on le peut découvrir par les Etymologies, uniques monuments en ces matières, et que M. Leibnitz avait examinés avec un grand goût et une extrême application, comme nous aurons occasion de le voir ci-dessous. Ensuite commençaient les Annales des Origines de Brunswick, qui renfermaient ce qui regardait l'Empire d'Occident depuis le commencement du Regne de Charles Magne, c'est-à-dire depuis d'an 769, et se continuaient par les Empereurs descendus de lui, et par cinq Empereurs ou Rois de la Maison de Brunswick, savoir Henri I *l'Oiseleur*, les trois Othons, et Henri II, où elles

---

80 Il parait que M. Leibnitz médidait là-dessus depuis très longtemps, car même en 1693, il insera dans le Journal de Leipzig Janv. p. 40, un Essai sur cette matière sous le Titre de *Prosogæa*.

finissaient en 1025. Cet espace de temps comprenait les Antiquités de la Saxe par la Maison des Witikind, celles de la Haute Allemagne par la Maison Guelfe, celles de la Lombardie par la Maison des Ducs ou Marquis de Toscagne et de Ligurie. De tous ces anciens Princes sont sortis ceux de Brunswick.

A ces Annales devaient succeder la généalogie de la Maison Guelfe ou de Brunswick, avec une courte, mais exacte Histoire de toute cette Maison jusqu'au temps présent. Cette Généalogie aurait été accompagnée de celle des aussi grandes Maisons, comme de la Maison Giselline, d'Autriche ancienne et nouvelle de Bavière, etc. et cela avec plus d'exactitude qu'elles ne nous ont encore été données. Enfin il devait rectifier la Chronologie des Siècles huit, neuf, dix, et onze, de ces siècles couverts de ténèbres et d'obscurités, à la faveur desquelles s'est introduite la Fable de la Papesse Jeanne. Cette Fable avancée par quelques-uns, détruite par d'autres, ensuite rétablie, il la détruisait de nouveau par une Dissertation faite exprès,[81] et la renvoyait pour jamais au nombre des chimères qu'on n'a osé avancer qu'à la faveur des ténèbres de la Chronologie de ces temps d'ignorance.

Cette Histoire devait former plusieurs volumes.

Au reste cette Histoire, dont on ne peut que regreter la perte, devoir former plusieurs volumes,[82] ornés

---

81 Il l'intitulait, *Flores sparsi in tumulum Papissa.*
82 *In folio.*

de figures en taille douce, d'anciens monuments, de Médailles, de Sceaux etc. Il se flattait par une confiance qui ne pouvait partir que d'un homme bien assuré de ce qu'il avançait, de répandre dans cet Ouvrage une lumière toute nouvelle sur l'Histoire du moyen Age, d'y réformer beaucoup d'erreurs, et d'y lever beaucoup d'incertitudes. Mais tant de distractions différentes qui remplirent le reste de sa vie déjà assez avancée, ont privé le Public de recueillir le fruit d'un si beau dessein.

En 1710, les Mêlanges de Berlin furent publiés.

Pendant que le dernier volume des Historiens de Brunswick était sous presse, je veux dire en 1710, *les Mêlanges de Berlin,*[83] retardés par les ravages de la peste et de la guerre, furent rendus publics. Là M. Leibnitz parait sous les différentes formes de Chimiste, de Mathématicien, de Physicien, de Poète, et d'Etymologiste; non pas d'Etymologiste ordinaire, borné, sec, et stériles, mais d'Etymologiste dont les vues sont grandes, et qui n'employe la connaissance des mots, que pour parvenir à celle des choses, en découvrir l'origine, et en tirer des conséquences.

M. Leibnitz y parait comme Chimiste.

Il montre dans un des premiers Mémoires, qu'il était encore capable d'entendre le jargon si chéri de

---

[83] *Miscellanea Berolinenfia &c.* Berolini, 1710 in 4.

son ancienne Société de Nuremberg, en donnant l'explication de deux Enigmes conçues dans leur goût, dont l'une était couchée en vers Grecs, et l'autre en vers Allemands.

Comme Geometre.

Comme Mathématicien, il a parsemé ce Recueil de remarques sur le rapport du Calcul Algébraïque avec le Calcul Differentiel; d'extraits de Lettres touchant le moyen de mesurer les Lignes courbes; d'observations sur le frottement des Machines; et d'autres Pièces semblables.

Comme physicien, il y donne un Mémoire sur le phosphore ignée.

En tant que Physicien, il a orné ces Mélanges d'une Dissertation historique sur l'invention du fameux Phosphore brûlant, que les uns attribuent à Kunkel, et les autres à Kraft. Mais elle est dûe cette invention, au rapport de M. Leibnitz mieux informé, à un Chimiste Allemand nommé Brand, qui la trouva vers l'an 1677, par un pur effet du hazard, l'auteur de presque toutes les découvertes; car celle-ci fut le fruit d'une Opération Chimique que faisait Brand sur l'urine humaine pour en tirer une liqueur propre à convertir l'argent en or, suivant certain procédé qu'il avait lu dans un Livre.

Jean Kunkel, et Jean Daniel Kraft, Chimistes célèbres et très connus, honorés l'un et l'autre de quelque emploi dans la Maison de l'Electeur de Saxe, ayant eu le vent de cette découverte de Brand, avec qui ils étaient liés de commerce, ils lui firent des offres empressées de services, et vinrent exprès de Dresde à Hambourg pout tâcher d'apprendre son secret, que celui-ci ne fit pas difficulté de leur découvrir. Kraft passant à Hannover, montra le nouveau Phosphore au Duc Jean Frédéric, et à M. Leibnitz, sans néanmoins déguiser que Brand en était l'inventeur; de là étant allé en Angleterre, il ne manqua pas de communiquer aussi ce merveilleux phénomene au Roi Charles II, au Prince Robert, et à l'illustre M. Boyle; mais dans ces pays plus éloignés, il ne se conduisit pas vraisemblablement avec autant de scrupule qu'à la Cour qu'il venait de quitter. Cependant dans ces entrefaites, M. Leibnitz, par ordre du Duc, fit venir Brand à Hannover, où il travailla devant eux à son phosphore, et leur apprit tous les détails de son Opération.

Comme poete.

A ces éclaircissements sur le véritable Inventeur du Phosphore Ignée, le Président de l'Académie de Berlin joint une description du Phosphore même, faite en beaux vers Latins, qui méritent d'être lûs, et qui prouvent assez, que si des occupations moins graves et moins chères que les siennes, lui eussent permis de cultiver les talents qu'il avait pour la Poésie, il n'eût pas acquis en ce genre de gloire, une réputation moins honorable, que celle qu'il s'est faite à d'autres égards.

Comme Etymologist il y parle de l'origine des Peuples.

Enfin M. Leibnitz, en qualité d'Etymologiste, a enrichi les Mémoires de Berlin d'un morceau sur l'Origine des Nations par le secours des langues: morceau rempli de trop de choses curieuses, pour le passer sous silence.

Précis de son Mémoire.

Ce savant homme est persuadé, qu'au défaut de monuments historiques, on peut remonter à l'Origine des Peuples par le secours des vestiges des anciennes langues, qui s'apperçoivent encore dans les noms propres des fleuves, des forêts, des villes, et des hommes, établissant pour principe, que les noms propres ont été imaginairement appellatifs. Il s'agit donc de découvrir la signification de ces anciens noms. Ainsi, par exemple, toutes les fois que nous rencontrons le nom d'un homme chez les Germains, les Francs, les Allemands, les Saxons, les Goths, et les Vandales, terminé par *Ric*, ou *Ricus*, comme *Théodéric, Frédéric, Hunéric*, nous savons d'un vers du Poète Venance-Fortunat, que ce mot signifie *fort*, puisque ce poète interprete le nom *Chilperic*, par *Aide fort*. Cet exemple peut nous guider pour d'autres mots de cette nature, et quoiqu'avec le temps, la signification de ces termes ait été changée et obscurcie, M. Leibnitz trouve néanmoins, que dans la plus grande partie de notre continent, on entrevoit des traces d'une ancienne langue dominante, qui s'est, pour ainsi dire, perpetuée par diverses expressions. Sans s'arrêter au mot du *Sac* qui est si rebattu, il en donne pour preuve le vieux mot Celtique MAR ou MARE, un *Cheval*; et qui non seulement subsiste encore dans le mot *Maréchal*, commun à tant de langues, mais qui n'est pas inconnu aux Tartares mêmes, qui ont conquis la Chine. Tel est encore the terme KAN, *Roi, Prince,* dérivé de *Kan, Konnin,* qui dans les langues Teutoniques signifie *puissance*; car ces mots *King, Konig, Chagan, Can,* désignent, ou ont désigné un *Roi*, un *Prince*, chez les Sarmates, les Huns, les Persans, les Turcs, les Tartares, jusqu'aux Chinois.

Cette langue primitive a produit ensuite les autres langues, que M. Leibnitz partage en deux classes, savoir, les Langues Japetiques, et les Langues Araméennes. Il appelle Langues Japetiques, ou Scythiques, celles qui se sont répandues dans les pays Septentrionaux, auxquels il rapporte toute l'Europe; et Langues Araméennes, celles dont l'usage a prévalu dans les pays Méridionaux. Parmi celles-ci la Langue Arabe, dont le Syriaque, le Chaldéen, l'Hébreu, le Punique, et l'Éthiopien, ne sont que des Dialectes, semble l'avoir emporté sur toutes les autres; pour le Persan, l'Arménien, et le Géorgien, ce sont un mélange des Langues Araméennes, et Scythiques. De l'ancienne Langue Scythique, (qui était celle de ces Peuples qui les premiers ont habité les bords du Pont-Euxin, et qu'Homère appelle les Cimmeriens,) sont sorties les Langues des Turcs, des Sarmates ou

Esclavons, des Finnoniens, et des Celtes. M. Leibnitz trouve de grands rapports entre les termes de l'ancienne Langue Scythique conservés par Herodote, et les Langues Celtiques d'origine, telles que la Grecque, la Latine, et l'Allemande; ce qu'il tâche de faire voir à l'aide des Etymologies.

Il parcourt ensuite les divers Peuples, qu'il regarde comme Scythes d'extraction, et il commence par les Turcs, sous lesquels il range les Calmuques, les Mogols, les petits Tartares, et les Tartares Orientaux, estimant que les Langues de ces Nations ont beaucoup d'affinité. De là, il passe aux Sarmates, appellés depuis Esclavons, et auxquels il rapporte les Moscovites, les Polonais, les Bohémiens, les Moraves, les Bulgares, les Dalmates, nos Esclavons d'aujourd'hui, les Avares, et les Huns, qui occupèrent autrefois la Hongrie. Quant aux Finnoniens, Tacite, qui les nomme *Finnos*, en parle comme d'une Nation sauvage et féroce, ce qui convient fort aux Lapons, ou aux Samojedes, originairement Finnoniens, à ce que Scheffer a prouvé par leur langue. Pour les Celtes originaires de Scythie, ils se sont dispersés dans la plus grande partie de l'Europe, et ont peuplé successivement l'Allemagne, la Gaule, l'Italie, l'Espagne, et la Grande-Bretagne.

Remarques sur ce Morceau.

Voilà le canevas du Système de M. Leibnitz. Persuadé qu'on ne pouvait bien entrendre l'Histoire Ancienne, sans la connaissance de l'origine, du rapport, et du mélange des Langues des Peuples, il s'était beaucoup appliqué à ce pénible travail, et se promettait d'en tirer de grands avantages pour ses divers desseins, et en particulier pour l'éclaircissement de son Histoire de Brunswick. Par l'écrit dont nous venons de donner les précis, et par l'Essai d'un Recueil qu'il voulait composer sur cette matière, Essai que M. Eccard a rendu public après sa mort[84], on peut aisément juger avec quel goût il a cultivé cette partie de la Grammaire, si sèche, et si rebutante. On ne peut qu'y reconnaître l'étendue de ses lumières, la fertilité de son génie, et ce qui n'est pas moins admirable, l'esprit Philosophique qu'il a l'art de répandre dans un sujet, où il est si rare de le rencontrer.

Mais quelque brillantes, quelque ingénieuses que soient ses recherches, elles n'ont point encore satisfait tout le monde. D'habiles gens prétendent qu'elles roulent sur un sujet qui n'est susceptible ni d'évidence, ni d'aucun genre de démonstation. Ils estiment que vouloir remonter à l'origine des Peuples par les monuments qui nous restent de leurs Langues, c'est vouloir courir les mers sans boussole; que s'appuyer sur l'analogie et l'étymologie des mots, c'est bâtir sur un fonds qui appartient avec un droit égal, à quiconque veut s'en saisir; c'est croire que le caprice et le hazard qui forment les mots, suivent une méthode, et de l'ordre dans leur

---

84 Sous le titre de *Collectanea Etymologica illustrationi Linguarum, Veteris Celtica, Germanica, Gallica, aharumque inservientia.* Hanoveræ 1717, in 8, 2 vol.

arrangement; c'est chercher des points fixes, dans ce qu'il y a de plus variable au monde.

Pour nous, disons la chose en termes moins sévères. Les Révolutions des Empires, des Royaumes, et des Pays, les migrations des Peuples, les Colonies, la conquête de Constantinople par les Francs, l'inondation des Barbares, toutes ces vicissitudes, qui on eu cours depuis tant de siècles, ont fait de si grands changements dans les Langues, les ont mélangées, obscurcies, corrompues, défigurées tant de fois, dans la séparation des termes qui devraient être joints, dans la liaison de ceux qui devraient être séparés, qu'il ne semble guères possible d'en pouvoir rien débrouiller avec évidence pour l'origine des Peuples; du moins les sentiments opposés des Savants, qui ont travaillé sur cette matière,[85] montrent assez le peu de certitude qui s'y rencontre.

M. Leibnitz était plus capable que personne d'y porter de la lumière; la méthode qu'il a suivie, et les ouvertures qu'il a données, en sont des preuves convaincantes; mais si ce grand homme n'a pas marché d'un pas sûr, dans un pays aussi vaste qu'il est peu connu, il n'y a guères d'apparence, qu'il se présente de longtemps, un guide plus capable de nous y conduire.

---

85 Je ne décide entre aucun d'eux, il me suffit seulement de remarquer ici que M. Leibnitz ne s'accorde ni avec le P. Pezron, et M. l'Abbé De la Charmoye sur les Origines Celtique, ni avec André Acoluthus sur la Langue Coste, ni avec M. Ludolf sur l'Ehiopique, ni avec M. De la Croze sur l'Arménien, ni avec Rudbeck sur le Suédois, ni avec Okokocsi sur le Hongrois, &c. ce qui est également vrai par rapport aux autres langues: sur quoi je n'aurais pas de peine à augmenter ma Note de nouveaux exemples, s'il était necessaire.

Exposition détaillée du sentiment de *M. Leibnitz* sur l'Origine des *Français.*

Dans l'Essai sur l'Origine des Peuples, dont je viens de rendre compte, M. Leibnitz y traite en passant du pays natal des Français, ou du lieu de leur plus ancienne habitation, qu'il soutient être le rivage de la Mer Baltique; Sentiment qu'il appuya dans la suite, par une Dissertation également savante et curieuse.[86] Ce sujet valait sans doute la peine d'être examiné par un Critique de son ordre. Il était naturel à un génie de sa trempe, de rechercher la première demeure d'un ancien Peuple, qui depuis tant de siècles, continue de tenir un rang si considérable dans le Monde. Car de tous les États, il n'en est point que je sache, qui ait duré plus de temps, qu'il y en a que la Monarchie Française subsiste. Souvent ébranlée, jamais détruite, quelques secousses qu'elle ait essuyées, soit par les guerres intestines, soit par les guerres étrangères, on l'a toujours vue se relever, se soutenir, s'acroître, s'agrandir à vue d'œil sous les Bourbons, et se rendre enfin formidable à toute l'Europe sous le règne de Louis XIV.

Cependant l'origine du Peuple qui l'a formée, est couverte de ténèbres et d'incertitudes. Les anciens historiens en ont tout-à-fait négligé la recherche, et les modernes qui s'y sont appliqués avec tant de soin, se sont trouvés trop éloignés de la source. Les premiers, plus

G.G. Leibnitii Disquisitio de Origine Francorum. Hanoveræ 1715. in 8. Voyez le Catalogue des Ouvrages de M. Leibnitz.

voisins du commencement de la Monarchie, n'en ont rien dit, ou n'ont fait que rapporter des bruits vulgaires, et des opinions peu vraisemblables; les derniers seuls se sont efforcés de percer cette origine, au travers des nuages de l'Antiquité. De là est venue cette diversité d'opinions, qui a partagé tous les Historiens, les uns faisant sortir les Français du Palus Méotide, d'autres de la Pannonie aujourd'hui Hongrie, quelques-uns du fond du Nord et de l'ancienne Scandinavie, ceux-ci des Gaules, et ceux là de la Germanie ou de l'Allemagne. Car je ne parle pas de ces Auteurs, qui croyant relever la gloire de la Nation, ont débité que les Français étaient originaires de Troie; idée chimérique, et pourtant commune à plus d'un peuple. Témoin les Auvergnats, qui au rapport de Lucain,[87] se disaient frères des Romains, et prétendaient être sortis de Troie aussi bien qu'eux; et témoin Galfroi de Monmouth, qui marchant sur les traces de quelques-uns des ses compatriotes, fait venir les Bretons habitants de la Grande Bretagne, d'un Brutus fils d'Ascagne petit-fils d'Enée.

On sait fort bien que la plupart de ces opinions flateuses, qui vont chercher si loin l'antiquité de l'origine des Peuples, n'ont guères d'autre fondement, que la Fable, la corruption des noms et des passages, des équivoques, ou des jeux de mots. C'est des mêmes sources qu'on tire assez souvent l'origine de la noblesse des grands Seigneurs, ainsi qu'a fait Paul Diacre,

---

87 *Arvernique ausi Latio se singere fratres Sanguine ab Iliace.* Lucan. Lib. I. vers. 47.

Lombard de Nation, qui pour plaire à son Maître, n'a pas eu honte d'écrire,[88] qu'Ansechise fils d'Arnulphe Evêque de Troie, descendait d'Anchise le Troyen.

Mais pour parler des conjectures plus apparentes sur l'origine des Français, on en peut compter deux principales, et qui sont les plus accréditées. La première, est des écrivains qui font descendre les Français des Gaules mêmes; la seconde, est des auteurs qui les font sortir d'Allemagne. Chacune de ces deux opinions a des défenseurs, et des partisans zélés. En 1631, Gabriel Trivorius, dans un Livre latin intitulé Observation Apologétique, défendit l'Origine Gauloise des Français, insinuée auparavant par Bodin, dans sa Méthode pour l'Histoire. Le P. Lacarri, suivi de plusieurs, se déclara du même avis, dans son Livre des Colonies Gauloises imprimé en 1677.[89] D'un autre côté, Philippe Cluver, Jean Isaac Pontanus, Hadrien de Valois, et quelques autres, ont soutenu l'Origine Teutonique des Français, sans néanmoins s'accorder sur le quartier de la Germanie dont ils veulent qu'ils soient issus.

M. Leibnitz en embrassant ce dernier système en général, a cru pouvoir déterminer le lieu de l'ancienne demeure des Français. Il prétend que leur premier gîte a été entre l'Elbe, et la Mer Baltique, et apparemment entre l'Eider et l'Oder, et même un peu au delà de ces rivières; ce qui, selon les noms modernes, comprend le Holstein,

---

88 Dans son Histoire Latine des Lombards intitulée, Pauli Vernafredi *Historia Longobardarum Libri VI.* Basil. 1557. in fol.
89 Ægid. Lacarri Societ. Jesu *Historia Coloniarum a Gallis missarum.* Claromonti 1677. in 4.

le Lawenbourg, le Meklebourg, et la Pomeranie au moins en partie. Il se fonde sur l'autorité du Géographe de Ravenne Auteur du septième siècle, sur celle d'Etmold le Noiret,[90] Poète Français du neuvième sciècle; et en joignant les passages de différents Auteurs, dont les uns disent que les Anciens ont quelquefois confondu la Mer Baltique et le Palus Méotide, les autres font venir les Fançais du Palus Méotide.

Sans entrer dans le détail de ces preuves, que M. Leibnitz développe habilement, dans sa Dissertation sur l'Origine des Français, il me suffira de remarquer, qu'il envoya d'abord cette Dissertation en mansucrit à Paris, écrivant par la même occasion, à M. Remond,[91] avec qui il était en commerce de lettres et d'amitié, qu'il serait ravi qu'elle fût copiée par une bonne main, et reliée proprement, pour pouvoir être donnée par M. le Baron d'Imhof[92] à M. le Marquis de Torcy, et ensuite être présentée au Roi,[93] si ce Ministre le jugeait à propos. Dans cette vue, il la mit en Français, langue dans laquelle elle n'avait point encore paru, l'ayant publiée seulement

---

90 Etmoldus Nigellus, en Latin.
91 Voyez cette Lettre de M. Leibnitz à M. Remond dans le *Recueil de diverses pieces sur la Philosophie, la Religion Naturelle* &c. Tom. 2 pag. 206. Edit. d'Amst. 1720 in 12.
92 Envoyé extraordinaire du Duc de Wolffenbutel à Paris.
93 C'est à cette occasion qu'il fit ces quatre Vers, pour être mis au dos du Titre de la Copie qu'on présenterait à Louis XIV.
   Exiguis egressa locis Gens Francica tandem
   Complexa est Sceptris, Solis utramque Domum.
   MAGNE, Tibi, I. ODOIX, debet fastigia tantæ,
   Et capit ex uno, Natio fata Viro.

en latin quelques mois auparavant. On en donna un fort bon extrait dans l'Article premier des Mémoires de Trevoux de l'année 1716, et on y joignit dans l'article suivant, une réponse du R.P. Tournemine, qui ne voulut pas laisser échapper une si belle occasion d'entrer en lice avec une personne du mérite de M. Leibntiz.

Le P. Tournemine a combattu l'opinion de M. Leibnitz aussi habilement que poliment.

Cette réponse, quoique faite de main de maître, et toute remplie d'une erudition délicate, paraît encore plus estimable, par la politesse enchantée qui y règne d'un bout à l'autre. Le P. Tournemine en combattant son illustre Antagoniste, s'efforce aussi de rétablir les preuves de l'Origine Gauloise des Français, et finit sa critique par une réflexion, qui peut seule justifier le jugement que nous venons de faire. "En suivant, dit-il, l'opinion que je défends, nous ne renonçons pas tout-à-fait à l'honneur d'être compatriotes de M. Leibnitz. Les Français, avant même qu'ils portassent ce nom, s'étendirent le long du Rhin jusqu'à l'Océan, sous les noms particuliers de Cattes, de Bataves, de Mattiaques, de Cherusques, de Teveteres, de Ramaves, de Chauces, de Sicambres, de Saliens, noms fameux dans l'Histoire Romaine; sous le nom des Cherusques, ils occupèrent les pays où sont les Duchés de Brunswick, de Lunebourg, et d'Hannovre."

Mais M. Leibnitz ne s'est pas rendu aux Raisons du P. Tournemine.

M. Leibnitz persista néanmoins dans son premier sentiment, et quoiqu'occupé de disputes avec les Anglais, sur des matières qui lui étaient beaucoup plus intéressantes, il ne crut pas devoir négliger de repliquer à des difficultés, dignes, comme il s'exprime lui-même, du génie et de l'érudition de celui qui les proposait. Il envoya sa réplique à Paris, pour être rendue au P. Tournemine, souhaitant qu'elle fût couchée dans les Mémoires de Trevoux, et désirant aussi de savoir le jugement de M. Huet, ancien Evêque d'Avranches, et de M. l'Abbé Baluze, sur son differend avec le P. Tournemine. Cependant je ne sais par quel hazard cette réplique n'a point paru dans le Journal de Trevoux. Mais M. Jean George Eccard, en ayant une copie parmi ses papiers, l'a insérée dans son Ouvrage des Lois Saliques,[94] conjointement avec la dissertation de l'Origine des Français, d'où les auteurs de la Bibliothèque Germanique l'ont ensuite transmise dans leur Journal.[95] Les Curieux pourront la consulter dans l'un ou dans l'autre de ces deux Livres.

---

94 Intitulé *Leges Francorum ac Ripuarorium* &c. Francof. 1720 in Fol.
95 Au Tom. VII. Ann, 1724. pag. 13.

Il est difficile de prendre un parti décisif dans cette dispute.

Je n'ai garde, par les bornes que je me suis prescrites, de m'étendre davantage sur cette matière; encore moins prendrai-je parti entre M. Leibnitz et le P. Tournemine. En ce genre comme en bien d'autres, rien de plus aisé que de détruire, rien de plus pénible que de bâtir. S'il y a quelque points difficiles à débrouiller dans l'Histoire, c'est sans contredit celui qui regarde l'Origine des Nations. Les Peuples n'étant pas plus considérables dans leurs commencements que le sont les fleuves dans leur source, doit-on s'étonner, qu'on en ait si peu de connaissance, et qu'on soit obligé de recourir à tant de différentes conjectures? Pour ce qui regarde en particulier l'Origine des Français, peut-on se flater avec fondement de la démêler au travers des nuages épais qui l'obscurcissent, et qui la cachent? Je la mettrais volontiers au nombre de ces choses toujours incertaines, qu'on n'a point encore éclaircies, et qu'on n'éclaircira peut-être jamais, tant les anciens Historiens ont été peu soigneux de s'en instruire, ou de nous l'apprendre. L'Origine du nom même de Français nous est encore inconnue, du moins suivant l'opinion de très habiles gens. Ce nom n'est ni Grec, ni Latin, et on ne sait au vrai ni à quelle occasion, ni par qui il a été donné.

Sur la fin de l'année 1710 parut la Théodicée.

Ce fut sur la fin de l'année 1710, que parut la fameux Théodicée[96] de M. Leibnitz, qui est à proprement parler son seul Ouvrage complet, le plus important qu'il ait publié, eu égard aux matières qu'il embrasse, et celui par lequel il a fini sa carrière savante. Car ce grand homme, depuis ce temps-là jusqu'à sa mort, fut toujours distrait de ses travaux litéraires, par des voyages imprévus, par le dessein qu'il forma de s'établir à Vienne, et d'y fonder une Académie, et par des disputes qu'il eut à soutenir avec les Savants d'Angleterre, sur divers points de Religion Naturelle, de Métaphysique, et de Mathématiques.

Beautés de cet Ouvrage.

Tous les genres de beauté semblent être rassemblés dans les Essais de la Théodicée; Sujet intéressant, science vaste, netteté de style, digressions instructives, hypothèses ingénieuses, idées sublimes. Ce jugement que j'en porte, je puis le justifier par une autorité recevable en tout pays, c'est celle de M. de Fontenelle. "La seule Théodicée (dit-il) suffit pour représenter M. Leibnitz; une lecture immense, des anecdotes curieuses sur les Livres ou sur les personnes, beaucoup d'équité et même de faveur pour tous les auteurs qu'il cite, fût-ce en les combattant, des vues sublimes et lumineuses,

---

96 *Essais de Théodicée, sur la bonté de Dieu, la liberté de l'homme, et l'origine du mal.* Amst. 1710 in 12. 2 Vol. I. Edition, qui a été suivie de plusieurs autres. Cet Ouvrage a aussi été traduit en Latin & en Allemand.

des raisonnements au fond desquels on sent toujours l'esprit Géométrique, un style où la force domine, et où cependant sont admis les agréments d'une imagination heureuse."

M. Pfaff & M. Le Clerc l'ont regardé comme un jeu d'esprit.

Personne n'ignore que M. Leibnitz entreprit ce Livre, dans le dessein de refuter les principales objections de M. Bayle, proposées avec tant d'art dans son Dictionnaire, sur la Bonté de Dieu, la Liberté de l'Homme, et l'Origine du Bien et du Mal. Cependant d'habiles gens, et en particulier M. Pfaff, Professeur en Théologie dans l'Université de Tubingue, et M. Jean Le Clerc si connu dans la République des Lettres, se sont persuadé que M. Leibntiz était véritablement dans les sentiments de M. Bayle, quoiqu'il ait voulu paraître l'attaquer dans sa Théodicée.[97]

Réfutation de leur Opinion.

Je défere beaucoup aux lumières de ces deux Savants, mais je dois encore davantage à l'examen de la vérité, et ils n'approuveroient pas eux-mêmes qu'on les exemptât de cette loi commune, qu'on se rendît à leur nom plutôt qu'aux preuves évidentes qu'on croit avoir pour se

---

[97] C'est ce que M. Pfaff déclare dans son Livre intitulé *Dissertationes Antiballana*, Tubingæ 1720 in 4. Dissertat. III. pag. 9. Et M. Le Clerc dans la *Bibliotheque Ancienne & Moderne*, Tom. 15. part. I. pag. 179.

ranger d'un avis contraire. Ces preuves qui me frappent, sont toutes simples, et toutes naturelles. M. Leibnitz n'a donné aucune marque dans ses autres Ecrits, qu'il était dans les idées de M. Bayle; ici il n'a eu aucune interêt à déguiser ses sentiments, ni aucune nécessité de publier sa Théodicée; il lui était facile de se tirer honnêtement des sollicitations polies que lui faisait la Reine de Prusse, de donner cet Ouvrage au public.

Cette Princesse, qui l'avait en partie engagé à ce travail, était déjà morte avant qu'il fût sous presse: en gardant le silence, il ne trahissait ni sa conscience, ni la vérité: il ne jouait point alors un personnage aussi indigne d'un galant-homme, qu'opposé à cette bonne foi, qui est répandue dans ses autres productions, et qui règne véritablement dans celle-ci. Qu'on lise son Livre sans prévention d'un bout à l'autre, j'ose m'assurer qu'on n'y rencontrera pas la moindre trace d'un homme qui cherche à se contrefaire; tout y sent, tout y respire la candeur et l'ingénuité. Je n'en veux pour témoignage qu'un seul endroit de la Préface, qu'on me permettra de copier tout entier, quoiqu'un peu long; il me servira tout à la fois à plusieurs fins, à justifier M. Leibnitz, à nous apprendre combien il a médité son système, et quels sont les motifs qui l'ont engagé à le mettre au jour. Voici l'endroit dont je veux parler.

"Or comme un des plus habiles hommes de notre temps, dont l'eloquence était aussi grande que la pénétration, et qui a donné de grandes preuves d'une érudition très vaste, s'était attaché par je ne sais quel penchant à relever merveilleusement toutes les difficultés sur cette matière que nous venons de toucher en gros, on a trouvé un beau champ pour s'exercer, en entrant avec lui dans le détail. On reconnaît que M. Bayle (car il est aisé de voir que c'est de lui qu'on parle) a de son côté tous les avantages, hormis celui du fond de la chose; mais on espère que la vérité (qu'il reconnaît lui-même se trouver de notre côté) l'emportera toute nue sur tous les ornements de l'éloquence et de l'érudition, pourvu qu'on la développe comme il faut; et on espère d'y réussir d'autant plus, que c'est la cause de Dieu qu'on plaide, et qu'une des maximes que nous soutenons ici, porte, que l'assistance de Dieu ne manquera pas à ceux qui ne manquent point de bonne volonté. L'auteur de ce discours croit en avoir donné des preuves ici, par l'application qu'il a apportée à cette matière; il l'a méditée dès sa jeunesse, il a conféré là-dessus avec quelques-uns des premiers hommes du temps, et il s'est instruit encore par la lecture des bons auteurs. Et le succès que Dieu lui a donné (au sentiment de plusieurs juges compétents) dans quelques autres méditations profondes, et dont il y en a qui ont beaucoup d'influence sur cette matière, lui donne peut-être quelque droit de se flatter de l'attention des lecteurs qui aiment la vérité, et qui sont propres à la chercher.

Il a encore eu des raisons particulières, qui l'ont invité à mettre la main à la plume sur ce sujet. Des entretiens qu'il a eu là-dessus avec des personnes de Lettres, et de Cour, en Allemagne et en France, et surtout avec une Princesse des plus grandes et des plus accomplies, l'y ont déterminé plus d'une fois. Il avait eu l'honneur de dire ses sentiments à cette Princesse sur plusieurs endroits du Dictionnaire merveilleux de M. Bayle, où la Religion et la Raison paraissent combattantes, et où M. Bayle veut faire taire la Raison, après l'avoir fait trop parler; ce qu'il appelle le triomphe de la Foi.

L'Auteur fit connaître dès lors qu'il était d'un autre sentiment, mais qu'il ne faissait pas d'être bien aise qu'un si beau génie eût donné occasion d'approfondir ces matières, aussi importantes que difficiles. Il avoua de les avoir examinées aussi depuis fort longtemps, et qu'il avait déliberé quelquefois, de publier sur ce sujet des pensées dont le but principal devait être la connaissance de Dieu, telle qu'il la faut pour exciter la pieté, et pour nourrir la vertu. Cette Princesse l'exhorta fort d'exécuter son ancien dessein, quelques amis s'y joignirent, et il était d'autant plus tenté de faire ce qu'ils demandaient, qu'il avait sujet d'espérer, que dans la suite de l'examen, les lumières de M. Bayle l'aideraient beaucoup à mettre la matière dans le jour qu'elle pourrait recevoir par leur soins. Mais plusieurs empêchements vinrent à la traverse, et la mort de l'incomparable Reine ne fut pas le moindre. Il arriva cependant que M. Bayle fut attaqué par d'excellents hommes, qui se mirent à examiner le même sujet; il leur répondit amplement, et toujours ingénieusement. On fut attentif à leur dispute, et sur le point même d'y être mêlé."

La manière dont M. Leibnitz s'est exprimé au sujet de la Théodicée, tant de vive voix, que dans ses

Lettres écrites à divers Savants, non seulement après l'impression de ce Livre, mais aussi avant qu'il fût sous presse, ne dément en rien le morceau de la Préface que je viens de transcrire. "Comme la feue Reine de Prusse, qui se plaisait à la lecture des Ouvrages de M. Bayle" (écrit-il à l'illustre Abbé Bignon dans une Lettre datée d'Hannover du 1 Mars 1708, dont la copie m'est tombée par hazard entre les mains) "m'avait souvent engagé à lui dire mon sentiment de bouche et par écrit sur les difficultés qu'il avance, et que je ne trouve pas de plus insurmontables, on me sollicite de mettre tous ses Ecrits ensemble, et de leur donner une connexion, etc."

M. Bourguet, savant Naturaliste, très versé en plusieurs genres de Sciences, et fort au dessus de l'emploi de Professeur en Philosophie à Neufchâtel, dont le Roi de Prusse l'a gratifié dernièrement, m'a appris par un détail de quelques particularités dont il a eu la bonté de me faire part touchant M. Leibnitz, qu'il a aussi reçu diverses Lettres de ce grand homme, dans lesquelles il lui marque, que sa Théodicée et son système, étaient des objects qu'il regardait comme des choses très sérieuses, et de la dernière conséquence.

Si donc il se rencontre çà et là dans ses Ecrits des termes qui pourraient paraître équivoques, on doit les entendre favorablement, et d'une manière qui réponde à ses intentions. Ainsi, quand il mande à M. Remond "qu'il a pris soin dans sa Théodicée de tout diriger à l'édification[98]", il veut dire qu'il s'est attaché davantage

---

98 Lettre à M. Remond, dans le *Recueil de diverses Pieces* &c. Tom. 2 pag. 132.

à ce qui regarde l'utilité, et l'instruction des Lecteurs, qu'à l'examen de divers points subtils et curieux qui se présentaient en son chemin. Ce n'est pas là un Commentaire que je fais, ce n'est pas moi qui lui prête cette glose, c'est lui-même qui me la fournit, en expliquant sa pensée dans la Préface de son Livre, où voici comme il s'exprime. "Enfin, j'ai taché de tout rapporter à l'édification, et si j'ai donné quelque chose à la curiosité, c'est que j'ai cru qu'il fallait égayer une matière dont le sérieux peut rebuter."

Il est assez apparent que quand M. Pfaff s'est persuadé que la Théodicée était un pur jeu d'esprit, il a interpreté à la rigueur, avec trop de facilité, quelques Lettres ironiques que M. Leibnitz lui avait écrites à ce sujet. Pour M. Le Clerc, il était à souhaiter, par le cas qu'on fait de son suffrage, qu'en adoptant les idées de M. Pfaff dans cette occasion, il ne se fût point dispensé d'alleguer les raisons sur lesquelles il se fondait. Elles auraient servi ces raisons, ou à rectifier le jugement qu'on vient de porter, ou à se confirmer davantage dans l'opinion qu'on a défendue. Je ne sais si les louanges que M. Leibnitz donne à Bayle dans son Ouvrage, n'ont pas beaucoup prévenu ces deux grands Théologiens contre lui mais enfin ces louanges sont-elles injustes? Est-on coupable pour être modéré? Aurait-il dû traiter M. Bayle avec mépris, et le regarder comme un demi-Savant d'une pénétration ordinaire? Trop habile pour le penser, et trop sincère pour l'écrire, il connaissait aussi bien que personne la subtilité du génie, et l'étendue des lumières de l'Auteur du Dictionnaire Critique; mais il croyait que cet Auteur, ayant tourné tout son esprit à renforcer ses objections, il ne lui était pas resté assez d'attention pour ce qui sert à les résoudre.

Ce serait à présent le lieu de faire quelques remarques sur la Théodicée; et quel plus beau champ pourrait s'offrir? Mais outre que ce Livre est connu de toute l'Europe, et que le Libraire qui en a le Privilege dans ces Provinces, en donne aujourd'hui une nouvelle édition à laquelle il a jugé à propos de joindre cette ébauche; pour en parler d'une manière convenable, il faudrait entrer dans une discussion des plus étendues, puisque les matières si intéressantes, si délicates, de l'Origine du Bien et du Mal, de la conformité de la Foi avec la Raison, de la Liberté de l'Union de l'Âme et du Corps, sont l'objet de cet Ouvrage.

D'illustres Savants ont attaqué divers principes de la Théodicée.

Personne n'ignore, pour peu qu'il soit encore au fait de ce qui s'est passé dans la République des Lettres, que des Savants illustres, tels que M. l'Abbé Faucher, le R.P. Lami Bénédictin, M. Bayle, M. Samuel Clarcke, M. Nicolas Hartzoeker, M. George Ernest Stahl, etc. ont combattu fortement divers Principes que M. Leibnitz établit dans la Théodicée. Si l'on juge que ces Principes succombent aux objections de quelques-uns de ces habiles gens, il n'est pas moins vrai que quelques autres d'entre eux ne les ont pas assez entendus, ou se sont trop pressés de les critiquer.

M. Stahl me pardonnera si je le mets du nombre de ces derniers. Ce célèbre Médecin ayant publié en 1708, son système touchant le Corps organique de l'Homme uni à l'Âme, dans un gros livre intitulé *Théorie de Médecine*,[99] sur lequel M. Leibnitz fit quelques remarques, il y replique en 1720, par un second Ouvrage Latin, qui parut sous ce titre, (si je sais bien le traduire,) *Occupations de mon loisir*.[100] Mais il est clair par tout ce qu'a répondu ce fameux Médecin, que trop plein de ses propres idées, il n'a pas saisi la justesse des difficultés qui lui avait faites le Philosophe. Occupé d'une profession où l'on est moins à soi qu'au public, il n'a pas sans doute eu le loisir de donner à ces sortes de matières toute l'attention qu'elles méritent, et qu'il est capable d'y apporter.

M. Leibnitz a aussi trouvé plusieurs défenseurs.

Au reste, quoique M. Leibnitz ait eu de grands adversaires, il a aussi trouvé des défenseurs et des partisans zèlés; il me suffira de nommer M. Wolff, M. Herman, M. Bulffinger, M. Thummig, M. Hanschius, etc. dont on peut consulter les Ouvrages, que j'indique

---

99 *Theoria Medica vera Physiologiam & Pathologiam sistens.* Halæ 1708 in 4.
100 *Negotium Otiosum, seu Σχιαμαχια adversus positiones aliquas fundamentales Theoria vera Medica a Viro quodam Celeberrime intentata, sed adversis armis conversis enervata.* Halæ 1720 in 4.

ici[101] en faveur des personnes qui seront curieuses d'entrer dans ces sortes d'examens.

On peut regarder la Théodicée comme son dernier Ouvrage.

L'on peut dire que c'est par la Théodicée que M. Leibnitz a fini sa carrière d'auteur, qu'il avait couru d'une façon si brillante. Cet habile homme, depuis ce temps là jusqu'à sa mort, fut toujours traversé dans l'exécution de ses travaux Litéraires par des voyages imprévus, par un commerce de Lettres plus fréquent, et enfin par des disputes qu'il eut à soutenir contre Mrs. Clarcke, Keill, Newton, sur divers points de Métaphysique, et principalement sur sa découverte du Calcul Differentiel. Ces différentes occupations rempliront les dernières années de sa vie, qui furent chargées de tous les lauriers que peut ambitionner un Homme de Lettres.

En 1711 le Czar le consulta sur divers article.

L'on sait que le Czar Pierre I, ce Prince qu'on peut appeller Créateur d'une Nation nouvelle, vint en 1711 à

---

101 Christ. Wolffii *Meditationes Metaphysicæ.* Halæ 1720 in 4. *Ejusdem Viri, Opus de Differentia nexus rerum.* Halæ 1723 in 4.
    Georg. Bern. Bulffingeri, *De Harmonia Animi & Corporis.* Francof. 1723 in 12. *Ejusdem, De origine & permissione Mali.* Francof. 1724. in 8.
    Ludov. Phil. Thummigii, *Annotationes adversus Objectiones Sam. Clarckii* 1722 in 8. *Ejusdem Institutiones Philosophica.* Francof. 1726 in 8.
    Mich. Gottl. Hanschii, *G. G. Leibnitii Mathematica Principia mere Geometrico demonstrata.* Francof. 1728 in 4.

Torgaw, Ville de l'Electorat de Saxe, pour y conclurre le mariage du Prince Alexis son fils ainé avec la Princesse de Wolffenbuttel.[102] Ce fut là qu'il vit M. Leibnitz, et qu'il s'entretint avec lui, non seulement sur les Arts et les Sciences qu'il voulait faire fleurir dans ses Etats, mais aussi sur les Lois qu'il pourrait y établir. Son attente ne fut pas déçue, le Savant était tel que la renommée l'avait annoncé; il fournit au Monarque les ouvertures les plus propres pour l'exécution de ses vastes desseins.

Et le fit Conseiller Privé de Justice avec une pension de mille Roubles.

L'honneur d'être consulté par un Prince Etranger de ce rang, le présent que ce Prince y ajouta, avec le titre de Conseiller Privé de Justice, qu'accompagnait une pension annuelle de mille Roubles, sont sans doute des preuves d'estime et de distinction trop éclatantes, pour que M. Leibnitz n'y fût pas extrêmement sensible; mais le doux plaisir, mais la flateuse espérance qu'il conçut, de devenir pour ainsi dire le Législateur d'un Peuple jusqu'alors sans police et Barbare, ont quelque chose de plus vif et de plus piquant pour une âme éprise d'une noble et solide gloire. Oui, ce que les Athéniens doivent à Solon, les Lacédémoniens à Lycurgue, les Carthaginois à Chorondas, les Crotoniates à Pythagore, M. Leibnitz se flattait que les Moscovites lui en seraient un jour redevables.

---

102 Charlotte Christine Sophie.

En 1712 M. Leibnitz achete la Bibiothèque du Gudius.

Comblé de joie, il repartit pour Hannover, et en passant dans le Duché d'Holstein, il procura à la belle Bibliotèque du Duc de Wolffenbuttel, l'acquisition de tous les Manuscrits et autres raretés Litéraires du Cabinet de Marquard Gudius, Homme de Lettres plus fameux par la possession de ces Trésors que la fortune avait fait tomber entre ses mains, que par aucune autre particularité de sa vie.

En 1713 il vient à Vienne solliciter l'Empereur d'y eriger une Académie de Sciences.

Peu de temps après son arrivée à Hannover, c'est-à-dire au commencement de 1713, le Roi de Prusse mourut. Les inclinations de son successeur ouvertement déclarées pour la profession des armes, les dépenses où l'engageaient le choix et l'augmentation des ses Troupes, pronostiquaient assez la chute de l'Académie de Berlin. M. Leibnitz, qui prévit le coup, tâcha de fournir aux Sciences un nouvel asile. Favorisé de la protection du Prince Eugene, il tourna ses vues du côté de la Cour Impériale et fit un voyage à Vienne, pour solliciter l'Empereur d'ériger une Académie de Sciences dans cette Ville, le lieu de sa résidence, la Capitale de l'Autriche, et qui est presque devenue la Capitale de l'Empire.

Son projet manque.

Cependant ce projet ne réussit pas, soit que la Peste qui ravageait la Silesie, la Bohème, et d'autres endroits de l'Allemagne, en ait été la cause, soit aussi que la guerre où l'Empereur se trouvait engagé contre la France, l'ait empêché de fonder un établissement, qui n'est pour l'ordinaire que le fruit de la paix et de la tranquilité. Mais M. Leibnitz eut toujours la gloire d'avoir fait agréer son projet, et de recevoir comme un témoignage de la bienveillance de l'Empereur, une pension de deux mille florins, avec des offres beaucoup plus avantageuses s'il voulait demeurer à sa Cour. J'ai oublié de dire, qu'en 1711, il avait été déjà honoré du titre de Conseiller Aulique.

En 1714 il retourne à Hannover.

Les jours qu'on passe heureusement, s'écoulent bien vite. M. Leibnitz était encore à Vienne en 1714, année que mourut la Reine Anne à laquelle succeda l'Electeur d'Hannover, qui (pour me servir des termes de M. de Fontenelle, si habile à répandre des fleurs sur tout ce qu'il écrit) réunissait sous sa domination, un Electorat, les trois Royaumes de la Grande Bretagne, M. Leibnitz, et M. Newton.

Où en 1715 il salue l'electeur devenue Roi d'Angleterre.

Comme la première démarche des Chambres fut d'inviter l'Electeur de venir au plutôt en Angleterre, M.

Leibnitz ne le trouva plus dans Hannover quand il y arriva pour le complimenter. En attendant son retour, il saisit l'occasion qui se présenta de lui marquer son zèle par des réponses[103] à quelques Libelles des Factieux d'Angleterre. Heureusement, l'absence du Prince ne fut pas longue: impatient de revoir Hannover qu'il n'avait quitté que des yeux, il s'y rendit en 1715, et M. Leibnitz eut enfin la satisfaction de le saluer Roi.

Depuis ce temps-là sa santé baissa toujours.

Depuis ce temps-là, sa santé baissa toujours. Il était sujet à la Goute, dont les attaques devenaient chaque année plus fréquentes, et qu'il traitait à sa manière, ou seulement selon les conseils de quelques amis étrangers en Médecine. Ce n'est pas l'unique Savant, à qui pareille conduite ait été funeste. Je me rappelle l'exemple de M. Renau, grand homme de guerre, et Géometre tout ensemble, connu des uns par sa valeur, et des autres par sa Théorie de la Manoeuvre des Vaisseaux. Etant attaqué d'une Retention d'urine suivie d'un gonflement de ventre, il fit avec la dernière confiance un remede qu'il tenait de son intime ami le P. Mallebranche; c'était d'avaler une bonne quantité d'eau de rivière assez chaude, par où il augmenta son mal, et abrégea ses jours. On croit aussi qu'une tisane que prit M. Leibnitz dans la force d'un accès de Goute, par les avis d'un Jésuite d'Ingolstad, et qui ne passa point servit à avancer sa

---

103   Elles sont indiquées dans le Catalogue de ses Ouvrages.

mort. Du moins les douleurs néphrétiques occasionnées selon les apparences par ce remède, jointes aux douleurs de la Goute remontée aux épaules, lui causèrent des convulsions si violentes, qu'il y succomba dans l'espace d'une heure.

Il meurt en 1716.

Il mourut à Hannover le 14 Novembre N.S. de l'année 1716, âgé de soixante et dix ans, quatre mois et dix jours.

Récapitulation de ses talens.

Ce grand homme ne montra dès sa jeunesse aucune inclination dominante pour une sorte d'étude plutôt que pour une autre, il se porta à toutes avec la même passion; et comme dit spirituellement M. de Fontenelle, "semblable en quelque façon aux Anciens qui avaient l'adresse de mener jusqu'à huit chevaux de front, il mena de front toutes les Sciences." Nous avons marqué jusqu'ici par ordre chronologique les évènements de sa vie, le caractère de ses maîtres, ses voyages, ses études, et ses productions. Leur nombre étonne, autant que la rapidité de leur naissance surprend. Quelquefois chaque année en voyait naître plusieurs, et en des genres si differents, qu'il fallait la souplesse de son esprit, pour prendre tant de figures. Ce mélange presque perpetuel, qui ne produisait aucune confusion dans ses idées, nous a couté beaucoup de peine à suivre, et quelque fidèle que soit la mémoire du Lecteur, il lui doit être très difficile de se rappeler tous les Ouvrages, par lesquels ce Savant, s'est fait regarder pour un homme profondément versé dans la Théologie, dans le Droit, dans l'Histoire, dans la Politique, dans la Philosophie, dans les Mathématiques. Il est donc nécessaire de rassembler ses talents sous leur point de vue particulier, en les distribuant pour ainsi dire par classes. Cette seconde manière d'envisager M. Leibnitz nous va conduire à plusieurs autres particularités qui le concernent, et dont il n'était pas aisé de parler plutôt, sans interrompre le fil de cette histoire par de trop fréquentes digressions.

Il était habile Théologien.

Premièrement, on peut avancer qu'il était un habile Théologien, et Théologien dans le sens étroit. Il entendait les différentes parties de cette Science, et avait beaucoup lu les Pères, les Scholastiques, et les Commentateurs distingués de l'écriture. Il montra son habileté dans ces matières, par une Réfutation d'un Ecrit de Wissowatius contre la Trinité, par ses Lettres sur la Tolérance des Religions contre M. Pelisson, mais surtout par son bel Ouvrage de la Théodicée.

Jurisconsulte.

Comme il était né dans le sein de la Jurisprudence, il y tourna ses premières études, il y employa la vigueur naissante de son esprit, et s'y distingua de bonne heure par la Méthode d'apprendre et d'enseigner la Jurisprudence, et par son Projet pour réformer le Corps du Droit. A quoi l'on peut ajouter la Préface de son Code Diplomatique, où il établit les principes du Droit Naturel et du Droit des Gens.

Historien.

Il était très versé dans l'Histoire, et particulièrement dans celle de son pays. Les deux Volumes du Code Diplomatique renferment à la fois une Théorie générale d'Histoire, de Politique, et de Jurisprudence. Son Recueil des Ecrivains servants à illustrer l'Histoire de Brunswick, qui n'est que l'avant-coureur de l'Histoire même, dont sa mort nous a ravi la perte, ne contient ni des monuments, ni des réflections moins instructives. Il conserva toujours du goût pour cette Science, et persuadé qu'elle veut devoir son mérite à la vérité des faits, il fouilla partout pour recueillir des Mémoires sûrs, dont if forma le tissu de ses deux Ouvrages.

Au reste, l'on n'ignore pas qu'il embrassa deux sentiments singuliers sur l'Histoire du moyen Âge, qui souffrent tous les deux de solides difficultés. Car d'un côté, il transporte l'ignorance et la barbarie du Dixième siècle, au Treizième et au Quatorzième, en se déchargeant le Dixième et le Onzième, qui en sont ordinairement les plus accusés. De l'autre, il prétend que les Commandants de plusieurs grandes Provinces de l'Empire de Charlemagne, étaient autrefois des Princes Héréditaires et non de simples Gouverneurs; et par là, suivant la réflexion du Secrétaire de l'Académie Royale, M. Leibnitz plonge encore davantage la Noblesse des plus grandes Maisons de l'Europe dans cet abîme du passé, dont l'obscurité leur est si précieuse.

Politique.

La Politique a trop de rapport à la Jurisprudence, et à l'Histoire, pour qu'elle ne se rencontrât pas dans un esprit presque universel. M. Leibnitz connaissait bien les differents interêts des Princes, et les ressorts qui remuent les grands évènements. Son Livre des Démonstrations Politiques pour l'Election d'un Roi de Pologne, qu'il composa à l'âge de vingt-deux ans, fut son premier coup d'essai, mais un coup d'essai qui lui fit beaucoup d'honneur. Il donna ensuite de nouvelles preuves de ses talents, par son Traité du Droit d'Ambassade et de Souveraineté des Princes de l'Empire, Ouvrage qu'il exécuta d'une manière fine et délicate. Mais on lui reproche avec raison, de s'y être montré partisan trop zèle de la Cour Impériale, en soutenant que tous les Etats Chrétiens, du moins ceux d'Occident, ne forment qu'un Corps Politique, dont l'Empereur est le Chef Temporel, comme le Pape en est le Chef Spirituel.

Philosophe.

Il faut encore convenir, qu'une des Sciences que M. Leibnitz cultiva davantage, fut la Philosophie, cette noble Science qui forme le jugement, qui perfectionne la raison, et qui la guide dans la recherche de la vérité. Hierocles l'estimait tant, qu'il la nommait la purification de la vie humaine; du moins est-elle la base de toutes les Sciences spéculatives.

Il s'attache à la lecture de Platon, d'Aristote et de Descartes. Caractère de Platon.

M. Leibnitz s'y attacha dès sa jeunesse, et choisit pour l'objet constant de ses lectures Philosophiques, celle des Oeuvres de Platon, d'Aristote, et de Descartes.

Platon Disciple de Socrate, mais disciple qui fit toujours honneur à son Maître de tout ce qu'il savait, reçut une éducation conforme à son illustre naissance, et joignit au plus beau naturel du monde, une immense capacité. C'était un homme d'un génie des plus élevés; d'un esprit gai, brillant, délicat, poli, et perfectionné par les voyages; d'une imagination vive, fertile en inventions, en expressions, en figures; donnant mille tours differents, mille couleurs nouvelles, et toutes agréables, à chaque chose; un des plus beaux parleurs de l'Antiquité; toujours fleuri, mais pas toujours également solide.

Caractère d'Aristote.

Aristote n'a eu ni la naissance, ni l'éducation de Platon son Maître; mais il répara ces deux avantages qui ne dépendaient pas de lui, par un génie si heureux, une si grande ardeur pour l'étude, tant de bon sens et de pénétration, qu'il devint l'âme de l'Ecole où il était, et se fraya des routes inconnues, pour établir une nouvelle Doctrine. Après quinze ans d'application, il embrassa des sentiments différents de ceux de son Maître, sans néanmoins blesser ni le respect, ni la reconnaissance qu'il lui devait. Son tempérament porté à la contemplation, sa méthode de soumettre ses pensées à la sévérité du raisonnement, lui fit approfondir les matières les plus épineuses, et les disposer dans un grand ordre, quand il les avait une fois approfondies. Avec ces talents, il osa tenter le premier, de rassembler toutes les parties de la Philosophie, pour en former un Système complet. Ses raisonnements sont subtils, mais embarassés, sa diction unie, mais seche, et d'ailleurs remplie de tant de termes obscurs, que le sens en est souvent impénétrable.

Caractère de Descartes.

Descartes né en France, et mort en Suède, est un des plus beaux génies, qui ait paru dans le siècle passé qui en a tant produit; Homme d'un esprit fertile, et d'une profonde méditation. Son système, tout mêlé qu'il est d'ancien et de moderne, est bien arrangé, bien lié, et bien imaginé suivant ses principes; mais ayant tout voulu réduire à des Hypothèses, il a plus pensé à faire paraître son esprit, qu'à consulter la Nature, et il s'est laissé entrainer à des erreurs agréables, sans prendre ses sûretés par l'expérience.

Il est important de bien connaître ces trois philosophes.

Voilà quel me parait être le caractère des trois Philosophes, que M. Leibnitz a tant étudié. Il est important de les bien connaître, puisqu'on trouve entre eux et lui, une si grande conformité de principes et de génie. C'est chez eux, qu'il a puisé ses Projets vastes sur les Arts et les Sciences, et je pense aussi trop de goût pour les systèmes; écueil dangereux, où il a échoué, et dont il faut se défier d'autant plus qu'il offre un spectable pompeux à l'esprit humain, qui se plait à rassembler sous ses yeux une grande étendue, et s'expose par cet appas à ne rien voir que confusément.

On reconnait dans les Ouvrages de M. Leibnitz, bien des vues et des idées de Platon; témoin ses Monades, et son Système de l'Harmonie Préétablie. La lecture d'Aristote n'eut pas moins d'influence sur sa manière de penser et d'écrire. Cette lecture lui a beaucoup servi dans les matières qui demandent de la méthode, de la subtilité, et de la précision; mais elle a répandu par une suite nécessaire, de la sécheresse et de l'obscurité dans ses productions, lors même qu'il croyait être le plus à l'abri de ces deux défauts. Enfin il s'appliqua pareillement à bien entendre la Philosophie moderne de Descartes, qui l'éclaira plus qu'elle ne le persuada. La connaissance qu'il en prit, lui donna lieu de défendre avec éclat, des sentiments opposés sur les Causes finales, sur la Matière, sur l'Étendue, sur la Force des Corps, sur les Lois du Mouvement, en un mot sur les principaux articles de la Physique générale.

Métaphysicien.

Comme la Métaphysique est le véritable commencement de la Philosophie, et qu'elle lui sert de base et de règle, il est aisé de conclure, que M. Leibnitz ne serait pas digne du titre de Philosophe, qu'il a mérité justement, sans être en même temps profond Métaphysicien. Aussi parait-il qu'il était tel, par son Ouvrage de la Théodicée, par ses disputes avec M. Bayle, M. Arnaud, le P. Dom François Lamy Benedictin, M. Clarcke, et enfin par divers morceaux[104] qu'il a semés çà et là dans les Journaux de l'Europe, selon sa coutume, et qu'on peut regarder comme des échantillons d'une nouvelle Métaphysique qu'il avait projettée.

Détail abregé de sa Métaphysique.

Ses Principes généraux étaient, que rien n'existe ni n'arrive sans une raison suffisante. Qu'il résulte de la

---

104 Nous avons indiqué ces morceaux par ordre chronologique dans le Catalogue de ses Ouvrages.

suprême perfection de Dieu, qu'en produisant l'Univers, il a choisi le meilleur plan possible, où il y ait le plus de variété avec le plus grand ordre; le terrein, le lieu, le temps les mieux ménagés; le plus d'effets produits par les loix les plus simples; le plus de puissance, le plus de connaissance, le plus de bonheur et de bonté dans les Créatures, que l'Univers en pouvait admettre: car tous les possibles prétendant à l'existence dans l'entendement de Dieu, à proportion de leurs perfections, le résultat de toutes ces productions doit être le Monde actuel, et le plus parfait qu'il soit possible. Que ce Monde corporel est une Machine, ou une Montre, qui va toujours sans que Dieu la corrige, parce qu'il a tout prévu, et remedié à tout par avance. Qu'il s'y conserve la même quantité de la Force totale et absolue ou de l'Action, la même quantité de la Force respective ou de la Réaction, la même quantité enfin de la Force directive. Que le meilleur y est mêlé partout avec un plus grand, ou ce qui revient au même, les lois de convenance avec les lois nécessaires ou Géometriques. Que les changements ne se font point brusquement et par sauts, mais par degrés et par nuances, comme dans les suites de nombres. Voici ses autres idées particulières sur la Métaphysique.

La Substance est un Etre capable d'action. Toute substance est active, et l'âme surtout; mais la Matière première prise dans les Ames ou Vies qui lui sont unies, est passive, parce qu'elle n'est pas une substance, mais quelque chose d'incomplet, et que la Matière seconde, comme par exemple le Corps organique, n'est pas non plus une substance, mais un composé de plusieurs substances, tel qu'est un troupeau de brebis. La substance se divise en simple, et en composée. La substance simple est celle qui n'a point de parties; la substance composée est l'assemblage des substances ou des Monades.

Monas, est un mot Grec qui signifie l'unité, ce qui est un: les substances composées ou les Corps, sont les multitudes: et les substances simples, autrement les Vies, les Ames, les Esprits, sont des unités. Il y a partout des substances simples, parce que sans les substances simples, il n'y en aurait point de composées; et par conséquent toute la Nature est pleine de vie.

Les Monades, ces substances simples, indivisibles, indépendantes de toute autre chose créée ou concrete, et qui peuvent dire *Moi*, reçoivent, des lieux où elles font des impressions de tout l'Univers; mais des impressions confuses, à cause de leur multitude. Chaque Monade est un miroir vivant, ou doué d'action interne, représentatif de l'Univers suivant son point de vue, et aussi règlé que l'Univers même. Par-là il expliquait l'origine des perceptions; une Monade est d'autant plus parfaite, qu'elle a des perceptions plus distinctes. Ainsi il pesait une infinité de degrés dans les Monades, les unes dominant plus ou moins sur les autres; car il établissait qu'il y a dans l'Ame raisonnable ou l'Esprit, quelque chose de plus que dans les Monades ou dans les simples Ames. Que l'Ame raisonnable n'est pas seulement un miroir de l'Univers des Créatures; mais encore une image de la Divinité, entrant, en vertu de la raison et des vérités éternelles, dans une espèce de société avec Dieu, et devenant membre de la Cité de Dieu, c'est-à-dire du plus parfait Etat, formé et gouverné par le plus grand et le meilleur des Monarques; Etat où se trouve autant de bonheur et de vertu qu'il est possible.

Les perceptions dans la Monade, naissent les unes des autres par les loix des appétits ou des causes finales du bien et du mal; de sorte qu'il regne une harmonie parfaite entre les perceptions de la Monade, et les mouvements des corps, préétablie d'abord entre le Système des Causes efficientes, et celui des Causes finales; et c'est en cela que consiste l'union physique de l'Ame et du Corps, sans que l'un puisse changer les lois de l'autre. Il y a cette différence dans les perceptions des Monades simples ou des Animaux, et celles des Monades raisonnables ou Esprits, que dans les premiers, la perception ne vient que de la mémoire des faits, et dans les autres de la connaissance des causes. Toutes les Monades n'ayant point de parties, ne sauraient être formées ni défaites; elles ne peuvent commencer ni finir naturellement, et durent par conséquent autant que l'Univers, qui sera changé mais qui ne sera point détruit.

C'est-là un abregé de la Métaphysique de M. Leibnitz, que je n'avais pas encore eu lieu de donner dans le cours de sa Vie, parce qu'il n'a publié sur ce sujet que des Pièces détachées, qu'il faut rejoindre, et dont l'enchaînement dépend les unes des autres. On trouvera d'autres particularités de sa Métaphysique sur l'Espace, le Vuide, les Atomes, le Naturel, le Surnaturel, la Liberté, dans un Livre imprimé à Londres en 1717[105], qui contient les disputes qu'il eut à soutenir sur ces matières avec l'illustre M. Samuel Clarcke; disputes qui commencèrent en 1715, et qui ne se terminèrent que par la mort de notre Philosophe, au grand regret des Spectateurs, qui y donnaient leur attention avec d'autant plus de plaisir, que la contestation s'étendait davantage à mesure qu'elle s'animait.

Remarques sur sa Métaphysique.

Il est vrai cependant que la Métaphysique de M. Leibnitz n'a pas été goûtée généralement de tout le monde. Ses idées sur les Monades, sur le Plan du meilleur que Dieu as suivi, sur l'union de l'Ame et du Corps, n'ont pas eu le succès que l'Auteur se promettait. Mais M. Nicolas Hartzoeker, qui d'homme gai et modéré, devint tout d'un coup Censeur amer et chagrin, en a parlé en des termes si peu ménagé, dans son *Recueil de plusieurs Pieces de Physique*, que ses Manes me pardonneront, si j'avance qu'il a péché dans cette occasion, et contre les règles de la bienséance, et contre tous les égards qu'il devait à une personne, dont il avait reçu cent politesses en sa vie.

Ce qu'il est permis de penser et de dire sur la Métaphysique de M. Leibnitz, c'est que ses Principes nobles, et spécieux, sont trop arbitraires, et très difficiles à appliquer. En particulier, son Hypothèse de l'Harmonie

---

105 Intitulé, *Collection of papers wich pass'd between the late learned M. Leibniz and Dr. Clarcke.* London 1717 in 8. En Anglois & en Français.

Préétablie, est sujette aux plus fortes difficultés. Elle élève, par exemple, au dessus de tout ce qu'on peut concevoir, la puissance et l'intelligence de l'Art Divin. Quand je m'exprime ainsi, je ne prétends pas donner des bornes à la Puissance et à la Science de Dieu; je veux dire seulement, que la nature des choses ne souffre point, que les facultés communiquées à la Créature, n'ayent pas nécessairement certaines limites; car il faut de toute nécessité, que l'action des Créatures soit proportionnée à leur état essentiel, et qu'elle s'exécute selon le caractère qui convient à chaque machine. Or M. Leibnitz met une Harmonie continuelle entre deux substances qui n'agissent point l'une sur l'autre. Personne n'a poussé plus solidement cette objection que Bayle, et personne n'a mieux compris le fort et le faible de l'Hypothèse en question, que ce célèbre Ecrivain.[106]

Mais tout cela n'empêche point qu'on ne doive rendre justice à la pénétration de M. Leibnitz, et qu'on n'ait raison de l'estimer un profond et subtil Métaphysicien. Certainement ses principes partent d'un génie sublime, ils forment un Système bien lié, et ils ne tendent qu'à donner une merveilleuse idée de l'intelligence du Créateur. S'ils ne sont pas à l'abri d'erreurs, il faut peut-être s'en prendre moins à l'Auteur, qu'à l'objet de ses recherches. Comme la Métaphysique manque de définitions certaines, des principes sûrs, universellement

---

106 Voyez son Dictionnaire, Article Rorarius. M. Leibnitz a souvent renouvellé la plainte de n'être point entendu sur cette matière, même de ses plus grands adversaires.

reçus, on marche sans guide par des voies inconnues, et par des chemins peu fréquentés. Est-ce une chose étrange si l'on s'égare? Combien compte-t-on de Métaphysiciens qui ayent voyagé sûrement dans le Monde intellectuel?

M. Leibnitz était un Mathématicien du premier ordre.

Toute l'Europe est si fort convaincue qu'il était un Mathématicien du premier ordre, que je n'aurais eu garde de renvoyer jusqu'à cette heure à le considerer sous cette forme, s'il m'eût été possible de le faire ailleurs plus commodément. C'est par son habilité dans les Mathématiques, qu'il est principalement connu dans le monde. Tous les Journaux de Savants sont plein de lui, en tant que Géomètre. En un mot, il est mêlé dans tout ce que la Géométrie moderne a fait de plus relevé, de plus difficile, et de plus important.

Il a le premier recherché avec M. Newton, les efforts des Planètes touchant les Orbes qu'elles décrivent; et quoiqu'il semble que c'est une hardiesse extême, d'oser même y penser, tous deux cependant en ont donné la Démonstration, chacun à sa manière; M. Newton dans ses Principes de la Philosophie Naturelle[107], et M. Leibnitz dans les Actes de Leipzig.[108]

---

107 Libr. I Proposit. 11, 12, 13.
108 Ann. 1689.

Il a résolu les Problèmes les plus difficiles.

Son nom est à la tête des plus sublimes Problèmes qui ayent été résolus sur la fin du siècle passé. L'on fait que ce sont là des sortes d'Enigmes, tirées de la fine Géométrie, et choisies avec grand soin par leur difficultés, pour mettre l'esprit à la gêne. Ou si vous voulez, ce sont des espèces de défis que les grands Mathématiciens se font les uns aux autres, pour mesurer leurs forces, et apprendre à connaître leurs pareils; défis au reste, où on n'a à craindre ni piège, ni supercherie. Le champ de bataille est ouvert à toutes les Nations. L'Allemagne fournissait alors pour sa part M. Leibnitz, l'Angleterre M. Newton, la France M. De l'Hôpital, la Hollande M. Huygens, et la Suisse Mrs Bernoulli. Quelles gens! Quels rivaux pour courir la même carrière! M. Leibnitz n'offrait le cartel que rarement, mais il l'acceptait toujours, sûr d'être du nombre des vainqueurs. J'en vais donner quelques exemples qui se sont suivi de près, et qui méritent d'être connus.

Exemple.

En 1692, M. Viviani proposa dans les Actes de Leipzig un Problème, qui consistait à trouver l'art de percer une voûte hémisphérique de quatre fenêtres, telles que le reste de la voûte fût absolument quarrable. Le Problème venait, *A.D. Pio Lisci Pusillo Geometra*, qui était l'Anagramme de *Prostremo Galilæi Discipulo*, titre que prenait M. Viviani, et il marquait que l'on attendait cette solution de la Science secrete des illustres Analyses du temps. Ce Problème fut effectivement bientôt expédié par cette Méthode; car M. Leibnitz le résolut le même jour qu'il le vit, en une infinité de manière.[109]

Autre exemple.

La même année, M. Jaques Bernoulli proposa le fameux Problème de la Chainette. Tous ceux qui lisent les Journaux et qui savent au moins les nouvelles des Sciences, en ont entendu parler. Il est question de déterminer la courbure que doit prendre une chaine, attaché fixement par ses deux extrêmités, également pesante en toutes ses parties, dont chacune est tirée en bas par son propre poids, et en même temps retenue par les points fixes. Le Problème ne fut résolu que par M. Leibnitz,[110] M. Huygens, et M. Jean Bernoulli.

Troisième exemple.

Ce dernier proposa à son tour en 1693, une question qui n'était pas moins épineuse. Il s'agissait de trouver une Courbe, telle que toutes ses Tangeantes terminées à l'axe, soient toujours en raison donnée avec les parties de l'axe interceptées entre la Courbe et les Tangentes. M.

---

109 Voyez les solutions qu'il en donna dans les *Acta Eruditorum*, Ann. 1692. pag. 274.
110 Voyez la solution de M. Leibnitz dans le Journal des Savans du 31 Mars 1692.

Leibnitz,[III] M. De l'Hôpital, M. Huygens, et M. Jaques Bernoulli, Frère de celui qui avait fait le défi, furent les seuls qui resolurent le Problème.

Dernier exemple.

Il arriva de toutes ces solutions, que le même M. Jean Bernoulli, piqué au jeu, ramassa ses forces, et proposa encore en 1696, à tous les Mathématiciens de l'Europe, et à son Frère en particulier, le célèbre Problème de la plus vite Descente. Il demandait, supposé qu'un corps pesant tombât obliquement à l'Horizon, quelle était la ligne courbe qu'il devait décrire, pour tomber le plus vite qu'il fût possible? On peut juger de la difficulté du Problème, par l'intention dans laquelle il fut choisi; et cependant il en parut quatre solutions dans l'espace d'un an. Elles étaient de M. Leibnitz,[112] de M. Newton, de M. De l'Hôpital, et enfin du Frère Jaques Bernoulli que le cartel regardait principalement.

Ces solutions se doivent au Calcul Differentiel.

Il fallait que ces Hommes là, pour s'être ainsi rendus les seuls maîtres des Problèmes Géométriques, eussent outre leur génie naturel, un secret, une Clé particulière, qui ne fût qu'entre leurs mains. Ils en avaient une en

---

III   Voyez *Acta Eruditorum* Ann. 1697, pag. 205.
112   Ibidem Ann. 1697, pag. 201.

effet, c'était la Clé des Infinement-petits, ou du Calcul Differentiel.

Définition de ce Calcul.

Comme dans la nouvelle Géométrie; l'on conçoit que toutes les grandeurs finies se résolvent en grandeurs infiniment petites, on appelle Calcul Differentiel, l'Art de trouver ces grandeurs infiniment petites, d'opérer sur elles, et de découvrir par leur moyen d'autres grandeurs finies.

Définition du Calcul Integral.

Ensuite l'art de retrouver par les grandeurs infiniment petites, les grandeurs finies à qui elles appartiennent, se nomme le Calcul Integral, qui est l'opposé, et pour ainsi dire le renversement du Calcul Differential. Celui-ci descend du fini à l'infiniment petit, l'Integral remonte de l'infiniment petit au fini; l'un décompose une grandeur, l'autre la rétablit autant qu'il peut.

Eloge du Calcul Différentiel.

Il résulte de ce que je viens de dire, que la Méthode du Calcul Differentiel porte nos connaissances dans l'Infini, et beaucoup au delà des bornes où était renfermée l'ancienne Géométrie. C'est une Science toute neuve, née sur la fin du siècle passé, très étendue, très subtile, et très sûre. C'est la découverte d'un nouveau

Monde, inconnu jusques-là, d'un abord difficile, et dont on a tiré des richesses immenses. Mon dessein n'est pas d'étaler les avantages de ce Calcul; la gloire de son invention est des plus grandes, et la jalousie qu'elle a excitée entre les deux premiers Mathématiciens de notre siècle, M. Leibnitz et M. Newton, ou plutôt entre l'Allemagne et l'Angleterre, en fait mieux l'éloge, que les plus beaux discours du monde. Les bornes que je me suis prescrites, ne me permettant pas d'entrer dans le détail de cette fameuse dispute: je me contenterai d'en donner succinctement l'Histoire, mettant à part toutes réflexions et toutes digressions étrangères, et tirant simplement mon rapport des Pièces qui ont été produites jusqu'à présent de part et d'autre.

Histoire de ce Calcul. Ses différents noms.

Je n'ai presque pas besoin de remarquer, que nos deux illustres Géomètres se servent d'une même Méthode d'Analyse, sous des noms et des Caractères différents; le fait est trop connu. M. Newton, et les Mathématiciens d'Angleterre après lui, appellent cette Méthode la Méthode des Fluxions; et M. Leibnitz lui a donné le nom de Calcul Differentiel, en quoi il a été suivi par presque tous les Géometres des Pays Etrangers. D'ailleurs ils procèdent tous deux de même sorte dans les Opérations Géométriques, et par voie de progressions à l'infini; avec cette différence seulement, que M. Leibnitz embrassa d'abord le Système des Infiniment-petits dans toute la rigueur Géométrique, et qu'ensuite il en parut être effrayé lui-même, et ne prit plus les grandeurs infinitésimales pour des zéro, comme a toujours fait M. Newton, mais pour des quantités incomparablement, ou indéfiniment petites; adoucissement qu'ont rejetté ceux-là même qui ont emprunté de lui le Calcul.

M. Leibnitz le publia en 1684.

Il en publia le premier les Règles dans les Actes de Leipzig de l'année 1684.[113] En 1687 parut l'admirable Ouvrage Latin de M. Newton, des Principes Mathématiques de la Philosophie Naturelle,[114] Ouvrage presque entièrement fondé sur le même Calcul.

M. Newton en 1687.

On y trouve en particulier les Principes de la Méthode des Fluxions dans le second Lemme du deuxième Livre, Lemme auquel l'Auteur ajouta le Scholie suivant;[115]

---

113   Octobre pag. 467 & suiv. sous ce titre, *Nova Methodus pro Maximis &*
      Minimis, itemque tangentibus qua nec fractas nec irrationales quantitates
      moratur, & singulare pro illis Calculi genus, per G.G.L.

114   *Philosophia Naturalis Principia Mathematica, ab Is. Newtono.* London
      1687 in 4.

115   Pag. 253 & 254. *In literis qua mihi cum Geometra peritissimo, G.G.*
      Leibnitio, annis abhinc decem intercedebant, cum significarem me
      compotem esse methodi determinandi Maximas & Minimas, ducendi
      tangentes, et similia peragendi, quæ terminis surdis æque ac in rationalibus
      procederet, & literis transpositis hanc sententiam involventibus [data
      aquatione, quotcunque fluentes quantitates involvente, fluxiones invenire
      & vice versa] eandem celarem; rescripsit Vir Clarissimus, se quoque in
      ejusmodi methodum incidisse: methodum suam communicavit a mea vix

"Dans le commerce des Lettres que j'ai eu,[116] il y a dix ans, avec M. Leibnitz très habile Géometre, lorsque je lui fis savoir que j'avais une Méthode de déterminer les quantités les plus grandes ou les plus petites, de mener des Tangentes, et d'effectuer d'autres choses semblables en termes sourds, aussi bien qu'en termes rationels, que je cachai sous des lettres transposées qui renfermaient ce sens, une équation donnée qui contient des quantités fluantes, trouver les fluxions et réciproquement: ce célèbre Personnage me répondit, qu'il était tombé sur une Méthode qui faisait aussi cet effet, et me communiqua ladite Méthode, qui ne differait gueres de la mienne que dans les termes et dans les Caractères."

Mais ce dernier le possedait avant l'an 1671.

Les Lettres par lesquelles M. Newton avait marqué à M. Leibnitz posséder une Méthode de déterminer les quantités les plus grandes ou les plus petites, de mener des Tangentes etc. sont datées l'une du 13 de Juin, et l'autre du 24 d'Octobre 1676.[117] Or par la dernière des ses Lettres, il parait que M. Newton avait déjà travaillé

---

abludentem, præterquam in verborum & notarum formulis. Utriusque fundamentum continetur in hoc Lemmate.

116 Savoir par le canal de M. Oldenbourg, natif de Brème, ville du cercle de la Basse-saxe en Allemagne, et habitué en Angleterre, où il devint secretaire de la Société Royale.

117 Elles ont été publiées ces deux Lettres par M. Wallis au Tom. III. de ses Oeuvres Mathématiques, pag. 622 & 634. La Lettre de M. Leibnitz à M. Newton datée du 21 de Juin 1677. dans laquelle il lui fait part de son Calcul, se trouve aussi à la pag. 648.

cinq ans auparavant, c'est-à-dire en 1671, à un Traité, où la Méthode des Fluxions, et celle des Suites, étaient jointes ensemble.

M. Leibnitz en passait néanmoins pour le premier inventeur.

Cependant la voix du Public donnait généralement l'honneur du Calcul Differentiel à M. Leibnitz. Personne n'ignore avec quelle rapidité ce Calcul se répandit dans le Monde savant. En France, l'illustre Marquis de L'Hôpital l'étudiait jusques dans sa Tente, et travaillait à en communiquer au Public les mystères les plus cachés.[118] En Hollande, M. Huygens qui n'avait point encore employé la Géométrie des Infiniments-petits, et qui néanmoins s'était fait une réputation des plus brillantes, ne pouvait se lasser de dire, que de quelque côté qu'il tournât ses vues, il voyait avec admiration l'étendue et la sécondité de l'Algorithme Infinitésimal. En Suisse, les célèbres Frères Jaques et Jean Bernoulli, ayant senti des premiers tous les usages de cet Art, s'attachèrent d'abord à en pénétrer le secret, et par l'encouragement de M. Leibnitz lui-même, ils y réussirent de la manière la plus heureuse et la plus éclatante; de sorte qu'en 1695, la Méthode Différentielle prévalait déjà par leur moyen presque dans toute l'Europe, sous le nom de M. Leibnitz, et avec les Caractères qu'il avait inventés. On la

---

118 Ce qu'il exécuta en 1696 dans son fameux Ouvrage de l'Analyse des infiniment petits.

nommait cette Méthode aussi communément le Calcul de M. Leibnitz, qu'on a dit la Spirale d'Archimede, la Conchoïde de Nicomede, la Cliffoïde de Dioclès, les Développées de M. Huygens.

En 1695 M. Wallis insinue que c'était M. Newton.

Les Géometres Anglois ne virent point sans chagrin, des déférences si marquées pour M. Leibnitz, et qui leur paraissaient si visiblement contraires à la gloire que M. Newton méritait dans cette concurrence. Aussi arriva-t-il, que M. Jean Wallis, grand Mathématicien, et connu déjà par son beau Traité d'Algèbre,[119] mettant au jour en 1695 les deux premiers Volumes de ses Oeuvres Mathématiques,[120] prit à tâche de marquer expressément par une addition faite à la Préface du premier Tome, que la Méthode des Fluxions, semblable pour le fond des choses à celle des Differences de M. Leibnitz, comme on la nommait communément, avait été trouvée par M. Newton, avant l'année 1671, sans déterminer pourtant l'Epoque de celle de M. Leibnitz, ni décider lequel des deux était le premier Inventeur, se contentant seulement de le donner à entendre en faveur de M. Newton.

---

119 *Treatise of Algebra both Historical and Practical,* by John Wallis. London 1685 in folio.
120 Joh. Wallis *S.T.D. Geometriæ Prof. Saviliani in Acad. Oxon, Opera Mathematica.* Oxoniæ 1695 in fol. 4.

En 1699 M. Fatio alla encore plus loin.

Mais quelques années après, M. Nicolas Fatio de Duillier, qui de Geneve sa Patrie, s'était retiré en Angleterre, où il cultivait avec distinction l'étude des Mathématiques, parla plus affirmativement et plus hardiment. Car il avança dans un Ecrit sur la Ligne de la plus courte Descente,[121] publié en 1699, "qu'il était obligé par l'évidence du fait, de reconnaître M. Newton pour le premier Inventeur du Calcul Differentiel, et de plusieurs années le premier et qu'il laissait à juger à ceux à qui les Lettres et les Manuscrits du Géometre Anglais étaient connus, si M. Leibnitz, second Inventeur, n'avait pas emprunté quelque chose du premier".[122]

M. Leibnitz répondit à M. Fatio.

Cette distinction précise de premier et de second Inventeur, et surtout ce soupçon qu'il insinuait, ne permirent pas à M. Leibnitz de garder entièrement le silence, quoiqu'il lui parût visiblement, en lisant l'Ecrit de M. Fatio, que l'Auteur y découvrait bien plus de passion et de chagrin contre lui Leibnitz, et Mrs.

---

121 Intitulé, Nicolai Fatio Duillerii *R.S.S. Linea brevissimi descensus Investigatio Geometrica duplex; Cui addita est Investigatio Geometrica solidi rotundi in quo minima fit resistentia.* Londini 1699 in 4. pag. 24.

122 *Newtonum primum* (dit-il) *ac pluribus annis vetustissimum hujus Calculi Inventorem, ipsa rerum evidentia coactus agnosco; a quo utrum quicquam mutuatus sit Leibnitius, secundus ejus Inventor, malo eorum quam meum sit judicium, quibus visæ fuerint Newtoni Littera, aliique quidem Manuscripti Codices.* Pag. 3.

Bernoulli, que d'amour pour la vérité, et de zèle même pour la cause de M. Newton.

Aussi c'est à ce dernier à qui M. Leibnitz se contenta d'en appeller dans la Réponse[123] ingénieuse, et parfaitement bien tournée, qu'il fit à M. Fatio. "Ce grand homme[124] (lui dit-il, en parlant de M. Newton) me semble avoir eu quelquefois bonne opinion de moi, et jamais que je fache ne m'a fait aucune querelle: il a agi avec moi publiquement de telle manière, que je serais injuste de me plaindre de lui. J'ai aussi loué volontiers dans toutes les occasions son mérite supérieur. Il fait mieux que personne, et il l'a assez indiqué quand il publia en 1687 ses Principes Mathématiques, que quelques nouvelles Inventions Géométriques qui m'ont été communes avec lui, n'ont point été prises l'un de l'autre, mais que chacun de nous les devoit à ses propres

---

123 Elle est inserée dans le Journal de Leipzig, Majo 1700, Pag. 198 sous ce titre, *G.G.L. Responsio ad Nicel. Fatii Duillerii Imputationes.*

124 Voici les termes en Original: *Certe Vir egrigius aliquoties locusus amicis meis, semper bene de me sentire visus est, neque unquam, quod sciam, querelas jecit: publice autem ita mecum egit, ut iniquus sim, si querar. Ego verò libenter ejus ingentia merita, oblatis occasionibus, prædicavi; & ipse scit unus omnium optime, satisque indicavit publice, cum sua Mathematica Naturæ Principia publicaret. anno 1687, nova quædam Inventa Geometrica, quæ ipsi communia mecum fuere, neutrum luci ab altero acceptæ, sed meditationibus quemque suis debere, & a ma jam decennio ante exposita fuisse. Certe cum Elementa Calculi mea edidi anno 1684, ne constabat quidem mihi aliud de Inventis ejus in hoc genere, quam quod ipse olim significaverat in Literis, posse se tangentes invenire non sublatis irrationalibus; quod Hugenius quoque se posse mihi significatvit postea, etsi cæterorum istius Calculi adhuc expers: sed majora multò consecutum Newtonum, viso demum libro Principiorum ejus, satis intellexi. Calculum tamen Differentiali tam similem ab eo exerceri, non antedidicimus, quam cum non it a pridem, magni Geometra Job. Wallisii Operum Volumina primum et secundum prodiere.* Pag. 203. *Ibid.*

méditations, et que je les avais déjà exposées dix ans auparavant. Certes quand je publiai en 1684 les Eléments de mon Calcul, je ne savais rien de ses découvertes en ce genre, que ce que lui-même m'en avait marqué par Lettres, qu'il pouvait trouver les Tangentes sans ôter les irrationelles; chose que M. Huygens me manda dans la suite pouvoir aussi trouver, quoiqu'il fût encore ignorant de ce Calcul. Mais sitôt que je vis le Livre des Principes de M. Newton, j'ai compris qu'il avait été beaucoup plus loin. Cependant je n'ai point su qu'il avait une Méthode si approchante du Calcul Différentiel, avant que les deux premiers Volumes des Oeuvres de M. Wallis eussent paru dernièrement."

La dispute fut assoupie jusqu'en 1705 ou 1708.

Les choses en restèrent là entre M. Leibnitz et M. Fatio, et la dispute parut finie; mais elle fut seulement suspendue jusqu'en 1705, qu'elle se ralluma par un incident que je vais rapporter, et qui devint la cause, ou le prétexte d'une nouvelle guerre bien plus cruelle que la première, qui n'avait été qu'une escarmouche en comparaison.

Mais le Calcul faisait toujours plus de bruit.

Le Calcul Infinitésimal mis entre les mains des plus fameux Géometres de l'Europe, montait tous les jours à un degré de perfection qui étonnait même ses

Inventeurs. Et M. Leibnitz, ainsi que je l'ai remarqué, étant celui qui l'avait publié le premier, et dont on suivait la Méthode Caractéristique presque partout, c'était sur lui que retombaient la plupart des éloges, qu'on s'empressait de donner à cette Découverte. Les Savants Journalistes de Leipzig n'étaient pas les moins éloquents. Ils ménageaient pourtant toujours les interêts de M. Newton, et M. Leibnitz leur en montrait l'exemple. Mais tout est rélatif dans ce monde, et le mérite plus que toute autre chose; il est donc difficile de louer souvent, sans comparer; les comparaisons sont des pas glissants, et celles qui entrent dans les éloges, ne connaissent guères les lois de l'équilibre: voilà le malheur.

Un passage ambigu des Actes de Leipzig, cause de la guerre.

M. Newton avait fait imprimer en 1704, à la fin de son Optique, écrite originairement en Anglais, un Traité Latin De la Quadrature des Courbes[125]; Traité fondé sur la Méthode des Fluxions, que l'Auteur assure dans l'Introduction de ce Livre, avoir inventée en 1665 ou 1666. Mrs. les Journalistes que je viens de nommer, rendirent compte de cet Ouvrage dans leur Journal du mois de Janvier 1705.[126]

---

125 Isaaci Newtoni *Tractatus duo, de Speciebus & Magnitudine Figurarum Curvitinearum*. Lond. 1704 in 4.
126 *Acta Eruditorum*, Mense Januario Ann. 1705 pag. 30.

Là, peut-être un peu moins en garde contre leur propre cœur, ou leur propre pensée, ils comparèrent la Méthode des Fluxions avec celle des Différences. "Les Eléments de cette dernière Méthode, (dirent-ils) ont été donnés dans ce Journal par M. Leibnitz qui en est l'Inventeur. Il en a encore fait voir les divers usages, ainsi que Mrs. les Freres Bernoulli, et M. le Marquis de l'Hôpital. Or donc à la place des Différences de M. Leibnitz, M. Newton employe, et a toujours employé les Fluxions; de même que le P. Honoré Fabri a substitué dans son Abregé de Géometrie, la Progrès des Mouvements à la Méthode de Cavalllieri".[127]

C'est-là la comparaison qui fut le signal, quoique peut-être innocent, de la guerre. Les Sectateurs de M. Newton en conclurent, que comme le P. Honoré Fabri n'est pas l'Inventeur de sa Méthode, mais qu'il l'a prise de Cavallieri, Mrs. les Journalistes de Leipzig avaient voulu faire entendre aussi, que M. Newton n'était pas non plus l'Inventeur du Calcul des Fluxions, mais qu'il l'avait pris de M. Leibnitz.

---

127 Le passage en Latin est tel: *Cujus Calculi Elementa ab Inventore D. Godefrido Guilielmo Leibnitio in his Actis sunt tradita, variique usus tum ab ipso tum a D. Fratibus Bernoulliis, tum & D. Marchione Hospitalio, (cujus nuper extincti immaturam mortem omnes magnopere dolere dabent, qui profundioris doctrinæ profectum amant) Sunt ostensi. Pro differentiis igitur Leibnitianis Dominus Newtonus adhibet, semperque adhibuit fluxiones, quasint quam proxime ut fluentium augmenta æqualibus temporis particulis quam minumis genita; iisque tum in suis Principiis Naturæ Mathematicis, tum in aliis postea editis eleganter est usus, quemadmodum & Honoratus Fabrius in sua synopsi Geometrica motuum progressus Cavalleriana Methodo substituit.*

Exposition de ce passage suivant M. Leibnitz.

Cependant M. Leibnitz répondait, qu'à son avis, il n'y avait pas un mot dans tout le passage cité, qui dît que M. Newton eût fabriqué son Calcul sur le sien. Que ces seules expressions, *M. Newton employé & a toujours employé*, semblaient avoir été mises là exprès, pour marquer que déjà avant la publication de son Calcul, M. Newton s'était servi de Fluxions; pendant qu'on avait dit en parlant du P. Fabri qui était venu après Cavallieri, et qui en avait changé les expressions, que ce Père a *substitué* son Hypothèse: en quoi se trouve la différence; savoir, que M. Newton a toujours employé sa Méthode, au lieu que la P. Fabri n'a forgé la sienne qu'à l'imitation d'un autre. Il ajoutait, que si on avait trouvé ces paroles obscures, on aurait pu avant que de lui en faire un procès, en demander l'explication; et les Journalistes eussent sans doute pris plaisir de repeter, ce qu'on avait dit ailleurs plusieurs fois, qu'on croyait que M. Newton y était parvenu de son chef. Enfin il disait qu'il n'était pas l'Auteur de la comparaison, qu'il n'adoptait point le sens qu'on y donnait en Angleterre, et que s'il se l'appropriait en quelque sorte, c'était dans une intention tout opposée à celle de semer la discorde.

En 1708, Mr Keill l'accuse de Plagiat.

Quoiqu'il en soit, le feu selon les apparences mal-éteint reprit vigueur; la guerre s'alluma, et ce fut M. Jean Keill

Docteur en Médecine, et Professeur d'Astronomie à Oxford, qui à la tête des Anglais, se mit à agir non seulement défensivement, mais offensivement. Car il ne se contenta pas de soutenir dans une Brochure Latine sur les Lois des Forces Centripetes, inserée dans les Transactions Philosophiques de l'année 1708,[128] que le Chevalier Newton était Inventeur Original, ou Premier Inventeur de la Méthode des Fluxions; mais de plus il décida positivement, que M. Leibnitz avait pris de lui cette Méthode, la faisant changer de nom et de notes.

En 1711 M. Leibnitz s'en plaint à la Societé Royale.

Quand M. Leibnitz eut vu l'Ecrit de M. Keill, où il était accusé si nettement de plagiat, il fut frappé de cette seconde attaque, portée contre lui quand il y songeait le moins, par un homme consideré en Angleterre, et connu des Etrangers. Il se vit réduit à justifier et son esprit et son cœur, sa gloire d'Auteur, et sa réputation d'Honnête homme. C'est à l'atteinte que recevait celle-ci, qu'il parut le plus sensible, comme il convient, et comme il s'en était toujours piqué. Il prit à témoin sa candeur, le Public, M. Newton lui-même, qui ne lui avait jamais (disait-il) contesté la gloire de l'Invention. Enfin étant Membre de la Société Royale, et M. Keill l'étant aussi, il porta ses plaintes contre son accusateur à cette savante

---

128 Septemb. & Octob. pag. 174. & suiv. sous ce titre: J. Keill *De Legibus Virium Centripetarum.*

Assemblée, par une Lettre datée du 4 Mars 1711. N.S. qu'il adressa à M. Hans Sloane, alors Secretaire, et aujourd'hui Président de la Société, homme renommé dans toute l'Europe pas son amour pour les Sciences, son ardeur à les servir, son bel Ouvrage de l'Histoire Naturelle de la Jamaïque, et son magnifique Cabinet de Raretés.

La même année la Société Royale nomme des Commissaires.

M. Keill, à qui on communiqua la Lettre de M. Leibnitz, maintint ce qu'il avait avancé, et s'engagea même de l'appuyer de nouvelles raisons. On devine sans peine si la contestation s'aigrit. Le résultat fut, pour le dire en deux mots, que les Factums en forme de Lettres se succedèrent toujours plus vivement, d'abord entre M. Keill et M. Leibnitz, et enfin entre ce dernier et M. Newton qui parut ouvertement sur la Scene. La Société Royale établie Juge du Procès, nomma des Commissaires Anglais et Etrangers, pour examiner toutes les anciennes Lettres des savants Mathématiciens, que l'on pourrait retrouver qui regarderaient cette matière, et principalement les Manuscrits de M. Collins, qui avait eu commerce avec les plus grands Géometres de son siècle. Elle chargea en même temps ses Commissaires, de lui remettre les Pieces qui auraient du rapport avec la question dont il s'agissait, et d'y joindre leur sentiment.

Leur Jugement.

Après cet examen, les Commissaires prononcèrent un Jugement, dont le sommaire revient à ceci. Que la Méthode Differentielle est parfaitement la même chose que la Méthode des Fluxions, si l'on en excepte le nom et les marques. Qu'il ne paraissait pas que M. Leibnitz eût rien su de ladite Méthode, avant une Lettre de M. Newton, écrite sur la fin de 1672, qui lui avait été envoyée à Paris par M. Collins, et dans laquelle le Calcul des Fluxions était assez expliqué, pour donner toutes les ouvertures nécessaires à un Homme aussi intelligent. Qu'il était clair par la Lettre de M. Newton du 13 de Juin 1676, qu'il possedait la Méthode des Fluxions plus de cinq ans avant qu'il écrivît cette Lettre. Et même qu'il constait par son Traité intitulé *Analysis per aquationes numero terminarum infinitas*[129]. et communiqué par M. Barrow à M. Collins, que l'Auteur avait inventé sa Méthode avant 1669, et conséquemment quinze ans auparavant que M. Leibnitz eût rien donné sur ce sujet dans les Actes de Leipzig. De tout cela ils concluaient, que M. Newton était le premier Inventeur, et que M. Keill en le soutenant, n'avait point calomnié M. Leibnitz.

---

129 Ce Traité-là de M. Newton fut publié ma même année 1711 par M. Jones, dans le Recueil intitulé, *Analysis per Quantitatum series, Fluxiones, as Differentias, cum enumeratione Linearum tertii ordinis*. in 4.

On le publia en 1712.

La Société Royale fit imprimer sur la fin de l'année 1712, ce Jugement ou Rapport des Commissaires, en entier, avec le Recueil de toutes les Pieces qui y appartenaient.[130]

En 1713 parut une Défense de M. Leibnitz.

M. Leibnitz en reçut à Vienne la nouvelle, avant que le Livre lui fût rendu; mais ayant su qu'on en avait envoyé un Exemplaire au célèbre M. Jean Bernoulli, qui connaissait à fond l'Invention dont il s'agissait, et qui l'avait fait valoir autant que personne par de belles découvertes, il le pria de lui en dire son sentiment.

M. Bernoulli (à ce que marqua M. Leibnitz au Comte de Bothmer[131],) lui écrivit une Lettre en réponse, datée de Bâle le 7 de Juin 1713, dans laquelle il lui disait, qu'il paraisssait vraisemblable que M. Newton avait fabriqué son Calcul, après avoir vu celui des Différences, puisqu'il

---

130 Sous ce titre: *Commercium Epistolicum* D. Joh. Collins *& aliorum de Analysi promota, jussu Societatis Regia in lucem editum.* Londini 1712 in 4 p. 112. Les transactions philosophiques en contiennent un Extrait, qui a été traduit ensuite en français, et imprimé à Londres. Il est intitulé, Extrait du Livre intitulé *Commercium Epistolicum Collinii & aliorum de Analysi promota*, publié par ordre de la Société Royale à l'occasion de la dispute élevée entre M. Leibnitz et le Dr. Keill, sur le droit d'Invention à la *Méthode des Fluxions*, par quelques-uns appellée *Méthode Differentielle*, in 8. pag. 38.

Ce même Extrait fut envoyé par M. Keill aux Auteurs du Journal Literaire qui l'ont inséré au Tome VII de leur Journal pae 114-158 & 344-365. Je crois que T. Johnson r'imprima le *Commercium Epsitolicum* qui était peu commun, parce qe le petit nombre d'exemplaires qu'on en tira dans l'Edition de Londres, fut distribué en présent par tout l'Europe.

131 Voyez Tom. 2 du *Recueil de Diverses Pieces sur la Philosophie* &c. par M. Des Maizeaux, p. 44.

avait eu plusieurs fois occasion dans ses Ouvrages, d'employer ce Calcul, sans qu'il en paraisse aucune trace; et même qu'il avait fait des fautes qui semblaient incompatibles avec une véritable intelligence du Calcul. "Un de mes amis (ajoute M. Leibnitz) a publié cette Lettre avec des Réflexions, et comme j'avais assez d'autres occupations, je ne voulus point entrer davantage là-dedans, d'autant que M. Newton n'avait point parlé lui-même; ainsi j'ai cru qu'il suffisait d'avoir opposé aux criailleries de ses adhérents, le jugement d'une personne de la science et de l'impartialité de M. Bernoulli."

On en ignore encore l'Auteur.

La Lettre en question, qu'on publia en Allemagne pour Réponse générale au *Commerce Epistolaire* d'Angleterre, était en Latin, et parut d'abord dans une feuille volante, datée du 29 de Juillet 1713. Une chose vraiment singulière, c'est qu'on ignore encore, si cette Lettre est de M. Bernoulli ou non? Ce que ferait soupçonner qu'elle n'est point de cet illustre Mathématicien, c'est qu'elle le cite en tierce personne, en faisant de lui les éloges qu'il se contente, sans doute, de mériter. "Comme (dit-elle) il a été remarqué il y a longtemps par un Mathématicien du premier ordre."[132] Il serait cependant bien étonnant, que M. Leibnitz eût cité à faux, et cité une personne vivante, qui pouvait le démentir sur le champ. Mais le serait-il

---

132 *Quemadmodum ab eminente quodam Mathematico dudum notatum est*; ce sont les propres termes Latins.

moins, que cette même personne, que M. Bernoulli, se fût donné lui-même, dans sa propre Lettre, les éloges qu'il mérite?

Quelque parti qu'on prenne, la surprise parait juste. Ne serait-il point arrivé (pour proposer une conjecture) que l'ami de M. Leibnitz qui a publié cette Lettre avec des Réflexions, l'aura changée par-ci par-là, et entre autres changements, aura ajouté le Passage qui est à l'honneur de M. Bernoulli? Du moins ce Passage ne se trouve-t-il point dans la Traduction Française de cette Lettre, qui fut publiée dans les Nouvelles Litéraires du 28 de Decembre 1715.[133] C'est un fait, si l'on veut, qui ne sera peut-être jamais bien éclairci; à la bonne heure: je vis pourtant dans l'espérance d'avoir des lumières d'une bonne main pour la solution de ce Problème.

M. Keill y répondit la même année.

Peu de temps après que la Lettre datée de Bâle du 7 Juin 1713, accompagnée des Remarques d'un Anonyme,[134] eut été répandue dans le monde, M. Keill ne manqua pas d'y faire une Réplique[135] détaillée, savante, ingénieuse, et comme on peut croire, assez vive.

---

133 Pag. 414.
134 On peut voir ces Remarques d'un Anonyme &c. dans le Journal Literaire Tom. 2 Partie 2. pag. 445.
135 La Replique de M. Keill intitulée, *Réponse de M. Keill M. D. Professeur d'Astronomie Savilien, aux Auteurs des Remarques sur le Differend entre M. Leibnitz et M. Newton, publiées dans le Journal Literaire de la Haye, de Novembre & Decembre 1713*, a d'abord paru à Londres en Français, mais comme on n'en tira qu'une douzaine d'Exemplaires, l'Auteur la fit ensuite inserer dans le IV. Tome du Journal Literaire Ann. 1714, page 319.

Les choses étaient parvenues à ce point, quand M. Jean Chamberlaine, Membre de la Société Royale, et après lui M. l'Abbé Conti, employèrent leurs bons offices, pour réconcilier M. Leibnitz et M. Newton. On en peut que louer les généreux efforts des amis moderés, qui s'entremirent pour terminer leur querelle; car les brouilleries des Savants empêchent le progrès des Sciences, et n'aboutissent qu'à éclaircir des faits souvent peu importants pour le Public; ou même sans rien éclaicir, qu'à révéler bien des faiblesses dans ceux qui en sont les auteurs ou les agents. Cependant s'il s'agit entre les deux Rivaux, d'une gloire délicate, que chacun trouve avoir été blessée: qu'il est difficile alors de ménager une réconciliation! Les Gens-de-Lettres d'un certain ordre sont les Ambitieux du Cabinet. La préséance de leur Rang, leurs Titres, et leurs Dignités, sont fondées sur leurs Découvertes. Ce sont-là leurs Seigneuries, et d'ordinaire leurs uniques Seigneuries, d'autant plus grandes néanmoins, qu'après leur mort ils en retirent encore hommage des autres Savants du métier, qui à cet égard ne relevent que d'eux. M. Leibnitz et M. Newton, si jaloux de ce point-d'honneur, si sensibles à ce genre de gloire, défendirent chacun leurs droits et leurs prétentions, d'une manière à faire sentir les difficultés insurmontables à un accommodement. Toutes les Lettres qu'ils s'écrivirent, irriterent le mal et r'ouvrirent la playe, bien loin de la fermer; comme la suite va nous l'apprendre.

En 1714 M. Chamberlaine s'offre pour médiateur.

Ce fut en 1714 que M. Chamberlaine dont j'ai parlé, entama la médiation, et fit connaître à M. Leibnitz, combien il serait charmé de le voir en bonne intelligence avec M. Newton, et de pouvoir y contribuer en quelque chose. Sur quoi M. Leibnitz le remercia de ses bons sentiments, et de son offre obligeante, par une Lettre de Vienne datée du 28 Avril de la même année.

Lettre de M. Leibnitz à ce sujet.

Il l'assure dans cette Lettre, que ce n'est pas lui qui a rompu cette bonne intelligence; qu'un nommé M. Keill l'avait injurieusement attaqué dans les Transactions Philosophiques, et qu'en ayant demandé réparation, on avait pris la chose, comme s'il plaidait devant la Société, et on y avait prononcé contre lui sans l'entendre, et sans savoir s'il ne tenait aucun des Juges pour suspects. Que quoiqu'il ne pût croire que le Jugement porté contre lui, pût être pris pour un Arrêt de la Société, cependant M. Newton l'avait fait publier dans le Monde par un Livre imprimé exprès pour le décréditer, et envoyé en Allemagne, en France, et en Italie, comme au nom de la Société. Il ajoute, que ce Jugement prétendu ne trouvera guère d'approbateurs dans le monde, et qu'il espérait que dans la Société même, tous les Membres ne l'approuvaient pas; que d'habiles Français, Italiens, et autres, blâmaient hautement ce procédé, et s'en étonnaient. "Pour moi (continue-t-il) j'en avais toujours usé le plus honnêtement du monde envers M. Newton, et quoiqu'il se trouve maintenant, qu'il y a grand lieu de douter s'il a su mon Invention avant que de l'avoir eue de moi, j'avais parlé comme si de son chef il avait eu quelque chose de semblable à ma Méthode; mais abusé par quelques flateurs mal-a-visés, il s'est laissé porter à m'attaquer d'une manière très sensible. Jugez maintenant, Monsieur, (poursuit-il) de quel côté doit venir principalement ce qui est nécessaire pour faire cesser cette contestation."

Réponse de M. Newton.

M. Chamberlain communiqua cette Lettre à M. Newton, qui y répondit en peu de mots:[136] Qu'il n'avait eu aucune part à ce que M. Fatio avait écrit contre M. Leibnitz, dans la Dissertation *De la Courbe de la plus promte descente*; mais qu'il y avait environ neuf ans, que M. Leibnitz avait attaqué sa réputation dans le Journal de Leipzig de l'année 1705[137], en y donnant à entendre qu'il avait emprunté de lui Leibnitz, la Méthode des Fluxions; que M. Keill l'avait seulement défendu dans les Transactions Philosophiques; et qu'il n'avait rien su de cet endroit que M. Leibnitz avait mis dans le Journal de Leipzig, jusqu'à l'arrivée de sa première Lettre contre M. Keill, où il demandait en effet que lui

---

136 Par une Lettre à M. Chamberlaine, datée du 11 de Mai 1714. V.S.
137 M. Newton entend ici le passage rapporté ci-dessus en Latin et en Français, pag. 156.

Newton retractât ce qu'il avait publié. Qu'au reste, si M. Chamberlaine pouvait lui marquer quelque chose, en quoi il eût fait tort à M. Leibnitz, il tâcherait de lui donner satisfaction; mais qu'il ne voulait pas retracter des choses qu'il savait être véritables: et qu'il croyait aussi, que le Commité de la Société Royale n'avait fait aucun tort à M. Leibnitz.

Déclaration de la Societé Royale faite en 1714.

Cette Lettre de M. Newton était addressée à M. Chamberlaine, qui l'envoya à M. Leibnitz, avec la Réponse de M. Keill aux Remarques inserées dans le Journal Litéraire, et une Copie de la Déclaration que fit la Société Royale le 20 de Mai 1714; savoir, qu'elle ne prétendait pas, que le Rapport des Commissaires passât pour une décision de la Société. Elle donna cette Déclaration qui fut couchée dans son Journal, pour montrer au Public, qu'elle n'avait pris aucun parti dans cette contestation, et pour prévenir les disputes qui pourraient naître là-dessus.

Autre Lettre de M. Leibnitz à M. Chamberlaine.

M. Leibnitz ayant reçu le paquet contenant l'Ecrit de M. Keill, la Lettre de M. Newton, et la Copie de la Déclaration de la Société Royale, marqua à M. Chamberlaine,[138] qu'il lui était obligé de la tentative

---

138 Par une Lettre de Vienne datée du 25 Août 1714.

qu'il avait faite auprès de la Société Royale, et qu'il était content de la manière dont la Société venait d'en user à son égard; mais que quant à la Lettre peu polie de M. Newton, il la tenait *pro non scripta*, aussi bien que l'Imprimé Français de M. Kiell. Il ajoutait, que puisqu'il semblait qu'on avait encore des Lettres qui le regardaient, parmi celles de M. Oldenbourg et de M. Collins, qui n'avaient pas été publiées, il souhaitait que la Société Royale voulût donner ordre de les lui communiquer, se proposant de publier aussi un *Commerce Epistolaire*, où il ne donnerait pas moins les Lettres qu'on pouvait alleguer contre lui, que celles qui le favorisaient, et qu'il en laisserait le jugement au Public.

Réponse qu'on y fit dans la Societé Royale.

Cette Lettre ayant été lue devant la Société Royale, on représenta, que les dernières paroles étaient injurieuses aux Commissaires de la Société, qu'on supposait n'avoir pas fait un choix impartial des Pieces qu'elle avait ordonné de recueillir. Que M. Newton n'ayant point donné lui-même de Livre du *Commerce Epistolaire*, M. Leibnitz qui était l'autre partie interessée, ne devrait pas non plus en publier un de sa façon. Et quant aux Originaux des Lettres de Mrs Oldenbourg et Collins, qu'il semblait demander, qu'on ne pouvait guères les lui envoyer; mais qu'on pourrait néanmoins lui en fournir des Copies bien attestées, s'il le souhaitait.

En 1715 l'Abbé Conti reçut à Londres une Lettre de M. Leibnitz sur son démêlé.

Sur ces entrefaites, M. l'Abbé Antonio Conti, noble et savant Venitien, vint voyager en Angleterre. Là il reçut une Réponse de M. Leibnitz, à une Lettre qu'il lui avait écrite pour le consulter sur une opinion particulière, que défendait M. Nigrisoli, au sujet de la Génération des Êtres Vivants. À cette Réponse, qui ne regardait que cette matière de Physiologie si abstruse, M. Leibnitz joignit une Apostille, dans laquelle, après avoir félicité M. l'Abbé Conti de son arrivée dans un Pays, où il avoue qu'il y a de quoi profiter, et de très habiles gens, il ajoute, que cependant ils voudraient passer pour être presque seuls Inventeurs, en quoi vraisemblablement ils ne réussiront pas. Qu'il ne parait point que M. Newton ait eu avant lui la Caractéristique, ou l'Algorithme infinitésimal, suivant ce que M. Bernoulli avait très bien jugé … Que ceux qui ont écrit contre lui, n'avaient pas fait difficulté d'attaquer sa candeur par des interpretations forcées, mais qu'ils n'auront pas le plaisir de le voir répondre à de petites raisons de gens qui en usent si mal, et qui d'ailleurs s'écartent de la question; qu'ils auraient mieux fait de donner les Lettes entières comme M. Wallis, au lieu qu'ils n'ont publié dans le *Commerce Epistolaire*, que ce qu'ils ont cru capable de recevoir leurs mauvaises interpretations … Qu'il est fâché qu'un aussi habile homme que M. Newton, se soit attiré la censure des personnes intelligentes, en déférant trop aux suggestions de quelques flateurs, qui l'ont voulu brouiller avec lui.

Non content de ces plaintes, M. Leibnitz s'ouvre une carrière plus vaste à la critique; il se jette sur la Mathématique d'Angleterre, qu'il traite de commune et de superficielle; sur la Métaphysique, qu'il qualifie de bornée, *a narrow one*; mais surtout sur la Philosophie de M. Newton. Il critique ses sentiments sur la Gravité, sur le Vuide, sur l'intervention de Dieu pour la conservation de ses Créatures, sur les Atomes. Il l'accuse de ramener les qualités occultes des Scholastiques, ou de supposer perpetuellement des Miracles. Enfin c'était alors un homme piqué, un Auteur attaqué dans son endroit le plus sensible. Il finit en priant M. l'Abbé, de tâter le pouls aux Analystes Anglais, comme de soi-même, ou de la part d'un Ami, en leur proposant le fameux Problème des Trajectoires.

Cette Lettre fit grand bruit.

M. Conti n'ayant pas jugé à propos de tenir cette Apostille secrete, ce fut-là vraiment de quoi bien réchauffer les esprits. Elle excita de grands bruits parmi les Savants de Londres. La Cour retentit bientôt des clameurs du Licée. Enfin le Roi, qui connaissait personnellement, et qui estimait particulièrement les deux illustres Rivaux, voulut être informé de toute l'affaire par la bouche de l'Abbé Conti, et lui demanda, si M. Newton ne répondrait point. M. Newton ayant su le discours du Roi, se présenta désormais ouvertement à sa propre Cause, et adressa sa Réponse, datée du 26 Février V.S. 1716, à M. l'Abbé Conti, qui l'envoya par la Poste à M. Leibnitz.

M. Newton y répondit en 1716.

M. Newton commence sa Réponse, par prendre M. Conti à témoin, que le *Commerce Epistolaire* ne renferme que des Lettres et papiers de vieille date, qui ont été conservés dans les Archives de la Société Royale, ou dans la Bibliothèque de M. Collins; et que lesdits papiers ont été ramassés, et publiés par un Commité nombreux de personnes distinguées, de plusieurs Nations, assemblées exprès par ordre de la Société Royale; qu'ainsi donc, M. Leibnitz n'a aucune raison pour refuser d'y répondre.

Il ajoute, que M. Keill a répondu à l'Ecrit du Mathématicien, ou prétendu Mathématicien, fait en défense de M. Leibnitz, daté du 7 Juin 1713, inseré dans une Lettre diffamatoire, datée du 29 Juillet de la même année, et publiée en Allemagne, sans que le nom de l'Auteur, ni de l'Imprimeur, ni le lieu de l'Impression y fussent marqués; mais qu'on n'a point encore repliqué à la Réponse de M. Keill.

Que M. Leibnitz met un nouveau prétexte en usage pour éviter de répondre, quand il dit, qu'il ne veut pas que les Anglais ayent le plaisir de le voir répondre à leurs petites raisons; et que cependant pour donner le change, il tâche de l'engager lui Newton dans des disputes Philosophiques, et lui propose des Problèmes à résoudre qui n'ont aucun rapport à la dispute. Que si on voulait aussi par représailles examiner sa philosophie, il ne serait pas difficile d'en faire voir le faible, et d'en montrer les erreurs, comme par exemple, de ses idées sur les Miracles, sur l'Harmonie Préétablie, et sur d'autres articles qui ne regardaient point la question dont il s'agissait entre eux.

Ensuite M. Newton, pour convaincre M. Leibnitz qu'il n'a tout au plus inventé qu'en second la Méthode des Différences, le rappelle à son propre témoignage, et à son propre aveu; aveu qu'il avait fait dans diverses Lettres écrites à lui Newton, et publiquement dans des Imprimés; en particulier, qu'il avait reconnu dans une Réponse à M. Fatio, publiée dans les Actes de Leipzig pour le mois de Mai 1700, que personne n'avait possédé cette Méthode avant M. Newton et lui, et que personne n'avait donné des preuves par aucun Ouvrage rendu public, qu'il eût possédé cette Méthode auparavant. "M. Leibnitz avoue donc ici, (conclud. M. Newton) que j'avais cette Méthode avant qu'elle eût été publiée, et avant qu'il l'eût communiquée en Allemagne à qui que ce fût; il avoue que mon Livre des Principes était une preuve que j'avais cette Méthode, et que ce Livre contenait les premiers Essais rendus publics de l'application qu'on en pouvait faire aux Problèmes les plus difficiles; je m'attends donc qu'il continuera toujours à le reconnaître. Il ne niait point alors ce que M. Fatio avait avancé, (que j'étais le premier Inventeur, et que la date de mon Invention était antécédente à celle de M. Leibnitz de plusieurs années;) s'il le nie à présent, on en pourra conclurre qu'il agit de mauvaise foi.

Le Dr. Wallis (dit plus bas M. Newton) dans la Préface des deux premiers Volumes de ses Oeuvres, publiées en 1695, marque que dans mes deux Lettres écrites en 1676, j'avais expliqué à M. Leibnitz la Méthode, appellée par moi la Méthode des Fluxions, et par lui la Méthode Différentielle; et que j'avais inventé cette Méthode dix ans auparavant ou plutôt, (c'est-à-dire dans l'année 1666 ou avant); et M. Leibnitz ayant eu un commerce de Lettres avec le Dr. Wallis depuis ce temps-là, et n'ayant point contredit ce qu'il avait avancé, et même n'y ayant point trouvé à redire, je m'attends qu'à présent il y voudra bien encore acquiescer."

M. Newton finit sa Lettre, par se plaindre que M. Leibnitz est l'agresseur dans leur Différend; qu'il lui a intenté une accusation qui va à le faire passer pour Plagiaire; et que s'il persiste, il est obligé selon les Lois établies, de le prouver, à peine de passer pour coupable de Calomnie. Enfin, que M. Leibnitz s'est contenté jusqu'alors sans aucune bonne raison, de mépriser ses adversaires, et d'écrire à ceux avec qui il était en commerce, des Lettres pleines d'affirmations, de plaintes, et des réflexions qui ne prouvent rien.

Replique de M. Leibnitz à la Réponse de M. Newton.

Dans la Réplique que M. Leibnitz ne tarda pas de faire à cette Lettre de M. Newton, il débute par dire, qu'il n'a point voulu entrer en lice avec des enfants perdus, détachés contre lui par M. Newton, soit qu'on entende celui qui a fait l'accusateur sur le fondement du *Commerce Espistolaire*, soit qu'on regarde la Préface pleine d'aigreur, qu'un autre a mise devant la nouvelle Edition de ses *Principes*. Mais que puisque M. Newton veut bien paraître lui-même, il sera charmé de lui donner satisfaction.

Il observe premièrement, que c'est bien à tort qu'il était accusé d'être l'agresseur dans cette dispute, ne se souvenant pas d'avoir parlé de M. Newton, que d'une manière fort obligeante; mais qu'on abusait pour former cette accusation, d'un passage,[139] des Actes de Leipzig, du mois de Janvier 1705, sur lequel M. Newton s'était laissé tromper, par un homme qui avait empoisonné ces paroles des Actes, qu'on supposait n'avoir pas été publiées sans la connaissance de lui Leibnitz; ou bien qu'on a été ravi de trouver un prétexte de s'attribuer, ou faire attribuer privativement l'Invention du Nouveau Calcul, depuis qu'on en a remarqué le succès, et le bruit qu'il faisait dans le Monde.

---

139 C'est toujours la comparaison des Actes de Leipzig rapportée à la page 156, dont il est question.

Il ajoute, que pour ce qui est du Commité nombreux de personnes distinguées etc. dont parlait M. Newton, on ne lui en avait donné aucune part; et que dans le temps qu'il écrivait cette Lettre, il ignorait encore les noms de tous ces Commissaires, et particulièrement de ceux qui ne sont pas des Îles Britanniques. Qu'il ne croyait pas même qu'ils approuvassent tout ce qui avait été mis dans l'Ouvage publié contre lui. Là-dessus il réitère ses plaintes qu'on n'a point donné le *Commerce Epistolaire* tout entier, qu'on en a tronqué des Lettres, qu'on en a supprimé des endroits qui pouvaient être au désavantage de M. Newton, au-lieu qu'on n'y avait rien omis de ce qu'on croyait pouvoir tourner contre lui Leibnitz, par des Gloses forcées.

Il assure que c'est à cet égard, que voyant tant de chicanes, il avait cru indigne de lui, d'entrer en discussion avec des gens qui en usaient si mal. Qu'il prévoyait qu'en les refutant on aurait de la peine a éviter des reproches, et des expressions fortes, telles que méritait leur procedé. Qu'il n'avait point envie de donner ce spectacle au Public, ayant dessein de mieux employer son temps, et méprisant assez le jugement de ceux qui sur un tel Ouvrage, voudraient prononcer contre lui, d'autant plus que la Société Royale même ne l'avait point voulu faire.

Il ajoutait, que ce n'était par aucun prétexte, qu'il n'avait pas encore répondu au *Commerce Epistolaire*; mais que pour y repliquer de point en point, il fallait un autre Ouvrage, aussi grand pour le moins que celui-là, il fallait entrer dans un grand détail de minuties passées trente ou quarante ans auparavant, chercher de vieilles Lettres, dont plusieurs étaient perdues, et les autres ensevelies dans des tas de papiers, qu'on ne pouvait débrouiller qu'avec du temps et de la patience; ce que son loisir n'avait guère pu lui permettre encore, ayant été chargé d'occupations d'une tout autre nature. Cependant il remarque, qu'il ne croit pas avoir dit, comme M. Newton le lui impute, que les Anglais n'auront point le plaisir de le voir répondre à leurs petites raisons, ne pensant pas d'ailleurs, que tous les Anglais fissent leur cause de celle de M. Newton.

M. Leibnitz se plaint ici lui-même, que M. Newton lui impute à tort, d'avoir voulu faire diversion en combattant sa philosophie, et en voulant l'engager dans des Problèmes. Que quant à la Philosophie, il a donné publiquement quelque chose de ses Principes, sans attaquer ceux de M. Newton; si ce n'est que par occasion, il en a parlé dans des Lettres particulières, depuis qu'on lui en a donné sujet. Et que pour ce qui est des Problèmes, il n'a garde d'en proposer à M. Newton, puisqu'il ne voudrait pas s'y engager lui-même quand on lui en proposerait. Qu'à l'âge où M. Newton et lui sont parvenus, ils peuvent tous deux s'en dispenser; mais qu'ils ont des amis qui y peuvent suppléer à leur défaut. Que par cette raison il ne voulait pas entrer dans le détail de ce que M. Newton dit un peu aigrement contre sa Philosophie, parce que ce n'en était pas le lieu.

"Si M. Newton (poursuit-il) veut que j'avoue et que j'accorde, ce que j'ai avoué ou accordé il y a quinze ans, on devrait en attendre autant de lui. Car il y a maintenant quinze ans, que dans la première Edition de ses *Principes*, il m'accorda l'Invention du Calcul des Differences independamment de la sienne; et depuis il s'est avisé, je ne sais comment, de faire soutenir le contraire ... Quand il allegue les Lettres, et Passages, où j'accorde qu'il a eu un Calcul approchant de mon Calcul des Différences, il pourra bien se souvenir, qu'il m'en a accordé autant; et s'il lui est permis de se retracter, pourquoi ne me sera-t-il pas permis de le faire aussi, surtout après les vérisimilitudes que M. Bernoulli a remarquées ... Je ne saurais dire aujourd'hui, si j'ai remarqué le Passage de M. Wallis, qui porte que M. Newton savait déjà la Méthode des Fluxions en 1666. Mais quand je l'aurais remarqué, je l'aurais laissé passer apparemment, étant fort porté alors à croire M. Newton sur sa parole.

M. Newton (dit M. Leibnitz pour conclusion) prétend que je l'ai accusé d'être plagiaire; mais où est-ce que je l'ai fait? Je conviens avec lui, que la malice de quiconque intente une telle accusation sans la prouver, le rend coupable de calomnie. Il finit sa Lettre en m'accusant d'être l'agresseur, et j'ai commencé celle-ci en prouvant le contraire; il serait pourtant fort aisé de vuider ce point préliminaire, sur lequel il y a du mesentendu."

Il envoya sa replique par la France.

Cette Réplique de M. Leibnitz était datée d'Hannover du 14 Avril 1716, et fut adressée à M. l'Abbé Conti mais il lui écrivit en même temps, que pour avoir hors de Londres "des témoins neutres et intelligents" (ce sont ses paroles) il faisait passer sa Réponse par Paris, où il l'adressait au savant M. Rémond, pour qu'il la lût à M. l'Abbé Varignon, et à d'autres personnes de l'Académie Royale des Sciences, à qui il voudrait en faire part, avant que de l'envoyer en Angleterre. Cependant elle y vint assez vite: mais M. Newton, craignant sans doute plus le bruit que cela pourrait faire, qu'il n'aimait l'éclat; peut-être aussi dégouté d'une dispute à laquelle il s'était prêté fort tard, et comme malgré lui, "résolut[140] de ne pas pousser plus loin la dispute; et lorsque la réponse de M. Leibnitz fut venue de France, il la refuta par des *Remarques*, qu'il communiqua seulement à quelques Amis. M. Leibnitz mourut, six mois après la date de sa Réponse; et d'abord que M. Newton eut appris sa mort, il fit imprimer à Londres, l'Apostille, et la Lettre de M. Leibnitz à M. l'Abbé Conti, la Lettre de lui Newton au même Abbé, et les *Remarques* sur la dernière Lettre de M. Leibnitz."[141]

---

140 Au rapport de M. Des Maizeaux, qui je pense a été très bien informé, et qui au reste a écrit avant moi l'histoire de cette dispute, dont j'ai fait usage.

141 Toutes ces pieces ont été jointes en forme de supplement à l'ouvrage intitulé, *Raphson's History of Fluxions*, ensuite elles ont paru plus correctes dans le *Recueil de diverses pieces sur la philosophie* &c. 1720 in 12.

On peut justifier M. Leibnitz de Plagiat dans l'affaire du C.D.

Voilà une courte exposition, mais qui peut néanmoins suffire, pour donner la connaissance générale du point historique de ce fameux démêlé. La discussion Géometrique serait trop vaste, et ne pourrait se faire sans un détail encore plus grand, qui entrerait dans la plus haute Géometrie, et qui par conséquent serait fort au dessus de mes lumières. Après cet aveu, je me condamnerais moi-même de témérité, si je me hazardais de prononcer aucun jugement dans cette querelle: mais j'espère que les Censeurs les plus rigides me pardonneront, si sans m'avancer dans une carrière si épineuse, j'ose apporter des présomptions, pour justifier M. Leibnitz du Plagiat dont il me semble que les Commissaires de la Société Royale l'ont jugé coupable.

Par ses talents & son caractère d'esprit.

Ces présomptions, que je ne ferai qu'indiquer, je les tire des talents et du caractère d'esprit de M. Leibnitz. Tout le monde est assez persuadé qu'indépendamment de la découverte du Calcul des Differences, il était d'ailleurs extrêmement riche de son propre fonds en fait de Mathématique, et très capable de le trouver par lui-même ce Calcul, sans le dérober à personne. Je sais bien que le vol, quand on le supposerait certain, serait une assez bonne preuve de la capacité de M. Leibnitz, puisqu'il y a d'habiles gens qui ne voyent dans le *Commerce Epistolaire* d'Angleterre, aucun endroit où il ait pu puiser sa Méthode. Mais il est encore d'un plus grand génie, de n'avoir pas commis ce larcin, quelque subtil qu'il ait dû être; et le caractère d'honnête-homme y trouve mieux son compte. C'est ce dernier point que notre Savant a toujours eu le plus à cœur, et dont il s'est plus piqué, et avec raison, que de celui d'Auteur; car à cet égard-ci, il s'est montré d'un entier desintéressement, évitant de se plaindre de ceux qui avaient profité de ses lumières, et ne refusant jamais de donner aux Gens-de-Lettres, des conseils et des ouvertures pour leurs entreprises. Il disait quelquefois, mais sans affectation, qu'il aimait à voir croître dans les Jardins des autres; des Plantes dont il avait fourni les graines. Quand on agit par des principes si généreux, on est fort éloigné de vouloir s'emparer injustement du bien d'autrui.

Je vois que dans le Journal de Leipzig,[142] il y blâme Descartes, (quoique selon mes idées trop définitivement) de n'avoir fait honneur ni à Kepler de la cause de la Pesanteur tirée des Forces Centrifuges, ni à Snellius des Lois de la Réfraction: "Petits artifices (dit-il) qui ont fait perdre à ce grand homme beaucoup de véritable gloire auprès de ceux qui s'y connaissent".[143] Se pourrait-il qu'il eût négligé cette véritable gloire qu'il connaissait si bien? N'aurait-il pas senti qu'il lui en restait encore une fort

---

142 Anno 1690. Majo, pag. 231.
143 *Et sane,* (ce sont ses termes) *licet Vir summus fuerit Cartesius, his tamen artificiolis multa solida laudis amisit apud Judices intelligentes.* Ibid.

grande par rapport au sujet même qu'il a tant éclairci? Ne savait-il pas que si le Public voit avec admiration le premier travail, celui des Inventeurs; il doit également son estime, et peut-être plus de reconnaissance aux seconds qui se sont empressés à le communiquer, et qui ont contribué à le perfectionner?

On lit dans un des Volumes suivants du Journal que je viens de citer,[144] l'histoire ingénue qu'il fait à M. Bernoulli de ses Méditations Mathématiques. Il n'oublie pas d'y témoigner sa reconnaissance aux personnes à qui il devait le plus en ces matières, à Galilée, à Descartes, à Gregoire de St. Vincent, à Guldin, à M. de Fermat, à Pascal, à M. Huygens. Pourquoi dans cette rencontre, où il parait si sincere et si exempt de vanité, n'aurait-il pas donné place à M. Newton? Aurait-il péché par ingratitude envers lui seul? Mais je trouve un détail de ses Etudes Géometriques encore plus circonstancié, dans une de ses Lettres à l'Abbé Conti. Là il lui indique spécialement, comment il était parvenu à la science du Calcul Differentiel. Le morceau est trop intéressant et fait trop au sujet, pour ne pas le transcrire.

Il a exposé comment il a découvert le Calcul Differentiel.

"Il est bon de savoir, (écrit-il à cet Abbé) qu'à mon premier voyage d'Angleterre en 1673, je n'avais pas la moindre connaisance des Séries Infinies, telles que M.

---

144 *Actor. Eruditor.* Ann. 1691. September. Pag. 438.

Mercator venait de donner, ni d'autres matières de la Géometrie avancée par les dernières Méthodes. Je n'étais pas même assez versé dans l'Analyse de Descartes. Je ne traitais les Mathématiques que comme un Parergon, et je ne savais guère que la Géometrie des Indivisibles de Cavallieri, et un Livre du P. Leotand, où il donnait les Quadratures des Lunules, et Figures semblables; ce qui m'avait donné quelque curiosité. Mais je me divertissais plutôt aux propriétés des Nombres, à quoi le petit Traité que j'avais publié presque petit garçon, de l'Art des Combinaisons, en 1666, m'avait donné occasion; et ayant observé dès lors l'usage des Différences pour les Sommes, je l'appliquai à des Suites de Nombres. On voit bien par mes premières Lettres échangées avec M. Oldenbourg, que je n'étais guère allé plus avant. Aussi n'avais-je point alors la connaissance de M. Collins, quoiqu'on ait feint malicieusement le contraire.

Ce fut peu à peu que M. Huygens me fit entrer en ces matières, quand je le pratiquai à Paris; et cela joint au Traité de M. Mercator que j'avais rapporté avec moi d'Angleterre, parce que M. Pell m'en avait parlé, me fit trouver environ vers la fin de l'an 1673, ma Quadrature Arithmétique du Cercle, qui fut fort approuvée par M. Huygens, et dont je parlai à M. Oldenbourg dans une Lettre de l'an 1674. Alors ni M. Huygens, ni moi, ne savions rien des Séries de M. Newton, ni de M. Grégory. Ainsi je crus être le premier qui eût donné la valeur du Cercle par une suite de Nombres Rationels, et M. Huygens le crut aussi.

J'en écrivis sur ce ton-là à M. Oldenbourg, qui me répondit, qu'on avait déjà de telles Séries en Angleterre; et l'on voit par ma Lettre du 15 Juillet 1674, et par la Réponse de M. Oldenbourg du 8 Décembre de la même année, que je n'en devais avoir alors aucune connaissance; autrement M. Oldenbourg n'aurait pas manqué de me le faire sentir, si lui ou M. Collins m'en eussent marqué quelque chose auparavant. Ce ne fut donc qu'alors que j'en appris quelque chose. Mais je ne savais pas encore les Extractions des Racines des Equations par des Séries, ni les Regressions, ou l'Extraction d'une Equation Infinie. J'étais encore un peu neuf en ces matières: mais je trouvai pourtant bientôt ma Méthode générale par des Séries Arbitraires, et j'entrai enfin dans mon Calcul des Différences, où les observations que j'avais faites encore fort jeune sur les Différences des Suites des Nombres, contribuèrent à m'ouvrir les yeux. Car ce n'est pas par les Fluxions des Lignes, mais par les Différences des Nombres que j'y suis venu, en considerant enfin que ces Differences appliquées aux Grandeurs qui croissent continuellement, évanouissent en comparaison des Grandeurs differentes, au lieu qu'elles subsistent dans les suites des Nombres."

Cette exposition parait sincere.

Ainsi dans cette Lettre, M. Leibnitz avouerait franchement son ignorance, sur une découverte de Géometrie qu'il croyait avoir faite le premier, tandis qu'il déguiserait artificieusement son vol sur une autre découverte de même nature. Le croira-t-on facilement? Un homme qui convient galamment de ses fautes, acquiert par-là le droit d'être presque cru sur sa parole, de ce dont il ne convient pas. Des actes répétés de candeur, marqués dans le cours d'un grand nombre d'années, ont dû, selon les apparences, être dominants en toute occasion. Ces divers préjugés en faveur de M. Leibnitz, ne peuvent être détruits que par des preuves évidentes et démonstratives de contraire; car il en faut de telles, pour renverser l'opinion générale du Public qui le regarde comme Inventeur, de ce Public qui a reçu de lui le Calcul, et auprès duquel il a eu le caractère d'honnête homme.

On peut donc conclure que M. Leibnitz est inventeur du C.D.

Quoique les Commissaires de la Société Royale puissent avoir bien jugé sur les papiers du procès qu'ils avaient entre les mains, cependant ils ne les ont pas eu tous, et ils n'ont point vu plusieurs Pièces, qui étaient entre les seules mains de M. Leibnitz, et qu'il se proposait de publier en opposition au *Commerce Epistolaire* d'Angleterre. Il écrivit même à M. Wolff peu de jours avant sa mort, qu'outre ce *Commerce* qu'il espérait de faire paraître, il avait encore à donner sur le Calcul quelque chose d'inespéré, et qui n'aurait rien de semblable aux Inventions de M. Newton, et à celles des autres Géometres Anglais. Concluons donc, que toutes les vraisemblances vont à justifier M. Leibnitz de Plagiat dans la découverte du Calcul Differentiel. Je ne sache point, qu'il se soit jamais dépouillé en d'autres conjonctures, du caractère du galant-homme; et pour ce qui est de son génie inventif, il n'est personne doué de quelques connaissances, qui le revoque en doute.

M. Newton n'avait parlé de sa Méthode à M. Leibnitz que par énigmes, *literis transpositis*, avant que M. Leibnitz lui communiquât la sienne, pleinement et ouvertement. Je ne m'exprime pas ainsi, pour contester à M. Newton sa propre découverte: quoi qu'en ait dit son Rival dans la chaleur de la dispute, je n'ai garde d'y souscrire. Je rends toute la justice possible à son mérite, et je le ferai en temps et lieu, en donnant l'Histoire de sa Vie, une des plus glorieuses, et des plus illustres, qui ayent éclairé l'Empire des Lettres. J'avouerai même par avance, et je crois pouvoir le faire sans cesser d'être équitable, et sans me contredire, que suivant mes idées, M. Newton est le premier Inventeur du Calcul Differentiel: mais je pense aussi que M. Leibnitz y est parvenu après lui de son chef, par ses seules lumières, par la fertilité de son génie, et par une suite de ses premières méditations sur cette partie des Mathématiques, qu'on nomme la Science des Nombres.

M. Leibnitz avait entrepris un Ouvrage de la Science de l'Infini.

Pour achever ce qui me reste à dire des talents et de l'esprit Géometrique de M. Leibnitz, il faut ajouter ici, qu'il ne se rendit pas plutôt maitre du Calcul Differentiel, que rempli des plus grandes vues qu'on puisse former, il tenta de le réunir au Calcul Intégral. Je crois avoir remarqué ci-dessus, ce qu'on entendait par ce dernier Calcul; c'est l'Art de rassembler les Touts que l'autre a su résoudre en leurs Parties infiniment petites. Cet Art si difficile, digne de tous les efforts des plus grands Mathématiciens, et peut-être le comble de la perfection où peut jamais tendre la sublime Géometrie, fut l'object des ses premières recherches, conjointement avec l'Algorithme Infinitésimal. Il avait trouvé avant l'année 1700, une Méthode générale pour intégrer les Grandeurs, comme il le manda à M. Bernoulli, en lui marquant qu'il reservait sa découverte pour un Ouvrage *De la Science de l'Infini*, auquel il s'occupait, et dont sa Méthode devait faire une des plus considérables parties. Il ne se vantait pas à faux, et il ne garda pas même son secret longtemps; car plein de zèle pour l'avancement des Mathématiques, il le publia dans les Actes de Leipzig de l'année 1702.[145]

---

145 Mense Majo. Pag. 210.

Il n'a pas eu le loisir de le faire.

C'est une perte considérable, qu'il n'ait pas eu le loisir
avant la fin de ses jours, d'achever l'Ouvrage dont
ce Morceau, qui nous reste par hazard, n'était qu'un
léger échantillon. Jamais la mort d'un Savant ne fait
tant de tort aux Sciences, que quand elle interrompt
des entreprises utiles et de longue haleine. Un grand
nombre de vues, un certain fil d'idées, quelquefois
unique, périssent avec l'Inventeur.

M. Leibnitz était aussi Méchanicien.

La Théorie des diverses parties des Mathématiques que
possedait M. Leibnitz, et cela est presque immense, le
conduisait quelquefois à la pratique, du moins autant
que le lui permettaient ses autres occupations. Le fruit
de ses connaissances spéculatives, était toujours de
nouvelles vues pour perfectionner quelque Machine
utile ou curieuse; je m'exprime ainsi, parce que le sort
veut qu'entre les Inventions que produit la Méchanique,
il y en ait assez de curieuses; peu d'utiles, et même
entre les utiles, peu de suivies. Rarement le dessein le
mieux pensé vient à un heureux terme; trop d'accidents
imprévus rompent les mesures les plus prudentes.

Il commença dès l'année 1675, à donner des preuves
de son goût pour la Méchanique. On ne s'entretenait
alors parmi les gens de ce monde là, de rien davantage,
que de la nouvelle invention des Montres de poche

avec le Ressort en Spirale. L'artifice consistait à rectifier le mouvement du Balancier qui est fort inégal en lui-même, par le moyen d'un tel Ressort. Ce fut M. Huygens qui fit faire le premier une Montre de cette manière, dont l'Invention pratiquée jusqu'à ce jour, parut fort ingénieuse et fort utile. A peu près vers le même temps, M. Leibnitz, qui ne fut pas des derniers à en entendre parler avec éloge, proposa lui-même dans les Transactions Philosophiques,[146] une autre idée pour perfectionner la construction des Montres; c'était d'employer dans le Mouvement, deux Balanciers et deux Ressorts, qui se banderaient et se débanderaient alternativement sans interruption. On me dispensera d'entrer dans le détail, qu'il est plus aisé d'exposer à l'œil qu'à l'esprit; je renvoye les Curieux aux Mémoires de la Société Royale d'Angleterre, que je viens de citer. D'ailleurs, ce sujet a perdu les agréments de la nouveauté; tant de personnes se sont depuis exercés à cette curieuse Machine de Méchanique, qu'il semble à présent, que la Théorie n'a plus rien à y ajouter, et que tout ne dépend que du travail. Du moins ce serait à des personnes du génie et de l'adresse d'un Sully, d'un Greham, d'un Le Roi, à inventer quelque chose de neuf, et à l'exécuter.

M. Leibnitz avait aussi songé à rendre les Voitures ordinaires plus légères et plus commodes; mais j'ignore s'il a mis en œuvre ce dessein. Je sais seulement que Jean Joachim Becher, Docteur en Médecine, né à Spire, et mort misérablement dans le Duché de Cornouaille,

---

146 N. 113. Pag. 285, Mense Aprili Ann. 1675.

homme d'une mauvaise conduite et d'un esprit mal tourné, connu des Alchimistes par divers Ecrits sur la Pierre Philosophale, se prit à M. Leibnitz de n'avoir pas eu une pension du Duc d'Hannover, et pour se venger, il lui imputa dans une Brochure,[147] d'avoir formé l'entreprise de construire une Voiture, qui aurait fait en vingt-quatre heures le Voyage d'Hannover à Amsterdam, c'est-à-dire autour d'une cinquantaine de lieues d'Allemagne dans cet espace de temps; accusation bien mal forgée, quand elle tombe sur un homme qui n'est pas tout-à-fait fou!

L'on fait que M. Leibnitz avait encore donné beaucoup de soins à la construction d'un Moulin à vent, pour s'en servir à puiser l'eau des Mines les plus profondes. C'est-là une Machine plus compliquée qu'on ne pense d'ordinaire; car elle est toute fondée sur la Géometrie, et dépend entièrement de la Théorie des Mouvements composés, comme M. Parent, fort habile Méchanicien, l'a démontré. Cette Invention, qu'on croit nous avoir été apportée d'Asie dans le temps des Croisades, a fait fortune dans toute l'Europe. Effectivement, elle est très commode, elle avance considerablement l'Ouvrage, et elle épargne de grandes dépenses. Cependant les Ouvriers qui n'entendent pas toujours leurs interêts, et qui pour de l'argent sacrifient volontiers leur santé au travail des Mines, furent ceux-là même qui firent manquer le dessein de M. Leibnitz, en s'y opposant de toutes leur forces.

---

147 Ecrite en Allemand sous le titre *Die Närrische Weisheit*, c'est-a-dire *De la Sagesse folle.*

Mais sa fameuse Machine Arithmétique, dont on peut voir la Description et la Figure ébauchée dans les Mélanges de Berlin,[148] est celle à laquelle il a le plus occupé son temps, quoiqu'il l'ait laissée imparfaite. Au reste, il n'est pas le seul, non plus que M. Pascal, qui ait exécuté le Projet de faciliter des Opérations Arithmétiques sans qu'il soit besoin d'écrire. En Angleterre le Chevalier Samuel Morland, le Lord Nepper en Ecosse, et dernièrement le Marquis Poleni en Italie, se sont distingués par l'Invention de semblables Machines; pour ne rien dire de celles de divers autres Méchaniciens, mentionnées çà et là dans l'Histoire de l'Académie Royale. Quelque ingénieuses néanmoins que soient ces sortes d'Inventions, quelque commodes qu'elles paraissent à leurs Auteurs, elles n'ont point eu jusques ici tout le succès qu'ils en espéraient; et il est apparent que cet usage si général, et consacré depuis si longtemps, de calculer avec la plume, aura toujours la préférence, du moins chez les Négociants, qui en ont un besoin absolu pour tenir leurs Livres de Compte.

Il avait une prodigieuse lecture.

M. Leibnitz étant un Savant aussi universel que nous l'avons dépeint, on juge sans peine, qu'indépendamment de son génie naturel, il avait prodigieusement lu. Ce n'était point uniquement les bons Livres qu'il se faisait un plaisir de dévorer, il parcourait aussi ceux qui ne

---

148 Voyez *Miscellanea Berolinensia*, pag. 317.

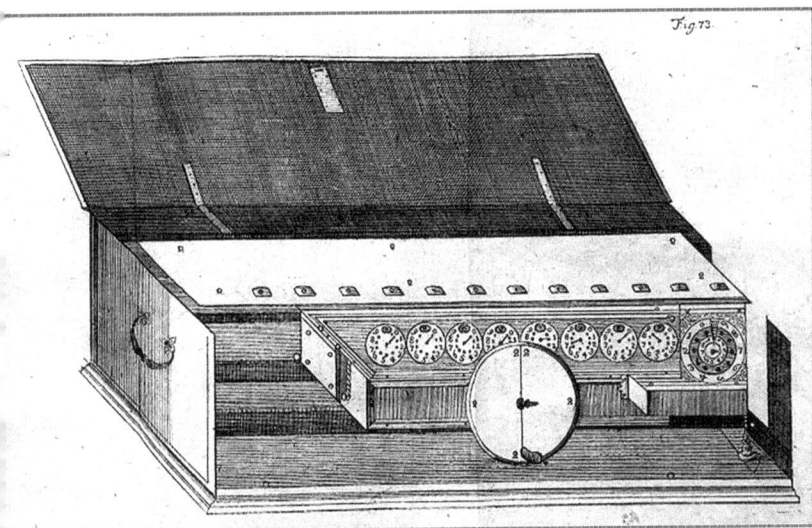

Dessin de G.G. Leibnitz de sa Machine Arithmétique, inséré dans *Miscellanea Berolensia ad incrementum scientiarum* (1710) le premier livre où il la décrit.

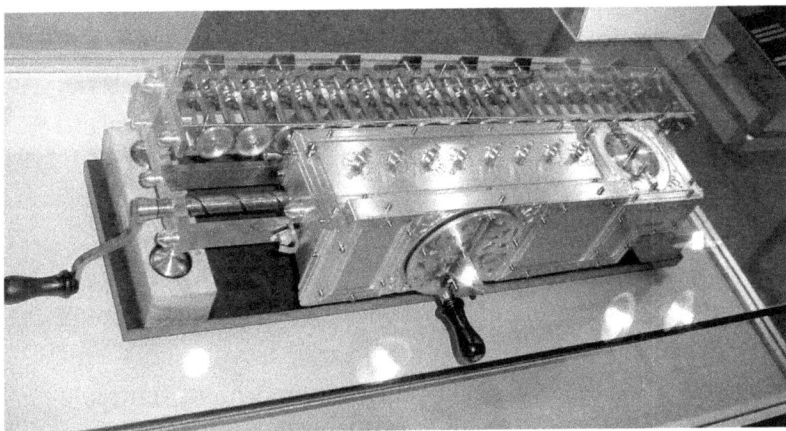

sont point marqués à ce coin; et, comme le dit M. de Fontenelle à sa manière, "il est étonnant à combien de Livres médiocres et presque absolument inconnus il avait fait la grace de les lire". C'était son opinion, qu'il n'existait point de si mauvais Ouvrages, où il n'y eût quelque profit à faire. Cette coutume si basse, et si méprisable, de lire à dessein de critiquer, était bien éloignée de son caractère. "Je cherche dans les Livres (écrit-il à son Ami M. Remond de Montmaur) non pas ce que j'y pourrais reprendre, mais ce qui mérite d'y être approuvé, et dont je puis profiter. Cette façon n'est point la plus à la mode, mais elle est la plus équitable et la plus utile."

Il faisait des Extraits de ses lectures.

Sa méthode était de faire des Précis, ou Extraits de ses lectures, pour les mieux graver dans sa mémoire, qu'il avait si facile que tout s'y imprimait, et si heureuse qu'il pouvait encore dans sa vieillesse réciter presque des Livres entiers de Virgile. Aussi le feu Roi d'Angleterre, George I l'appellait à Hannover, son Dictionnaire vivant.

Il entendait diverses langues.

Il savait la plupart des Langues mortes et des langues vivantes; et comment eût-il pu acquerir sans leur secours un savoir aussi étendu et aussi varié? Les Langues sont la Clé des Sciences; elles ouvrent également l'entrée à une profonde, ou à une agréable et facile érudition. Le petit nombre d'habiles, ou le grand nombre de gens superficiels, vient en partie d'en avoir négligé la culture. Notre Savant ne donna ni dans ce travers, ni dans celui des personnes qui en font une trop haute estime. Il ne crut pas devoir dédaigner leur étude, au contraire il tira quelquefois de grands avantages de cette connaissance; mais il évita de consumer à leur recherche, une partie trop considérable d'un temps précieux, qui doit être consacré à s'avancer plus avant. Car on peut dire de toutes les Langues, qu'elles ne sont que servantes, et que les Sciences sont les Maîtresses. Ainsi, en homme sage, il ne fit à Melantho et à Polydora, que l'accueil nécessaire pour entrer dans la maison de Penelope.

Il écrivait très purement en Français.

Il a peu écrit dans sa Langue maternelle, à laquelle il semble avoir préféré le Français, qu'il entendait si parfaitement, et qu'il écrivait si purement, qu'on ne sache point d'Etranger qui l'ait surpassé. Sa Théodicée, ses Lettres, sa dispute avec M. Pelisson sur la Tolérance, en peuvent servir de preuves, ayant également réussi dans le genre epistolaire, et dans la manière de traiter les sujets les plus abstraits. Il s'en faut de beaucoup que sa Diction Latine mérite cet éloge, comme je pense l'avoir remarqué quelque-part. Mais en revanche, sa Poésie dans cette dernière Langue est belle, heureuse, pleine de force et de feu; au lieu que ses vers Français sont faibles, languissants, prosaïques.

Sa façon de mettre son nom à ses Ouvrages.

Dans tous les Ouvrages qu'il a publiés lui-même, il ne s'est jamais désigné que par les trois Lettres initiales de son nom, G.G.L. simplement, modestement, et sensément. Il lui était effectivement bien inutile, de se parer de ces vains Titres d'honneur si chers aux esprits du commun. Son nom seul faisait son plus grand Titre, et marquait le prix de ses productions. Les Anciens n'en usaient pas autrement, et les gens sages d'entre les Modernes n'ont point cru devoir renchérir sur leur Maîtres.

Ses Voyages.

Porté d'une inclination naturelle pour les Voyages, qui justifie suffisamment leur utilité, il eut le bonheur de satisfaire ses désirs à cet égard. Il voyagea dans les parties de l'Europe les plus civilisées par les Arts et par les Sciences, en France, en Angleterre, en Hollande, en Italie, et en Allemagne. Dans tous ces Pays, il s'attacha à voir tout ce qui est un Spectacle pour un Homme de Lettres; Bibliothèque, Manuscrits, Livres, Antiquités, Curiosités de l'Histoire Naturelle, Ouvrages de l'Art, et ce qui vaut encore plus que ces diverses Raretés, les Gens de mérite et d'un savoir éminent. Toutes ces choses sont pour un grand génie, et même pour un génie médiocre, des sources fécondes d'une infinité de connaissances. C'est au séjour qu'il fit en France, et en Angleterre, ou plutôt aux Conférences qu'il eut avec

Messieurs Huygens, Pascal, Oldenbourg, Newton, et les autres Savants, dont l'Académie des Sciences de Paris, et la Société Royale de Londres ne manquèrent jamais, qu'il dut principalement ses lumières dans la sublime géometrie. C'est en partie dans ses Voyages d'Allemange et d'Italie, qu'il acquit ses vastes notions de Droit, de l'Histoire, et de la Politique.

Il avait un prodigieux Commerce de Lettres.

Les liaisons qu'il fit dans ses Voyages, son savoir, et sa réputation, lui frayèrent de toutes parts le chemin à un prodigieux Commerce de Lettres, auquel il ne refusa jamais de se prêter. C'est là un genre d'occupations fort utile et fort agréable, quand il est renfermé dans de certaines bornes, mais qui se change facilement en servitude dès qu'il les passe. À la vérité, c'est une servitude qui ne manque pas d'être accompagnée de douceurs et de plaisirs, mais comptez qu'elle a aussi ses peines et ses épines. Cependant chez M. Leibnitz, son Commerce, quoique si vaste, lui servait toujours de délassement et de récréation, il en recueillait tout le fruit sans gêne et sans embarras. Il avait l'honneur d'être en correspondance avec la Princesse de Galles, aujourd'hui Reine d'Angleterre, avec la Duchesse Douairière d'Orléans, avec Jean Frederic Duc de Brunswick-Lunebourg, avec Ernest Landgrave de Hesse, avec le Duc de Wolffenbuttel, et avec d'autres personnes de la première qualité.

Mais les Savants de toutes les Professions, les personnes de l'esprit le plus orné, ou le plus délicat, et même divers Missionnaires de la Chine, formaient la classe la plus étendue de ceux avec qui il correspondait. De ce nombre étaient l'illustre Abbé Bignon, M. l'Abbé Boizot, M. Bayle, Mrs. Burnet, Mrs. Bernoulli, le R.P. Bouvet, M. Bourguet, M. Collins, M. De la Croze, M. De Fermat, M. Fardella, M. Grævius, M. Guglielmini, M. le Marquis de l'Hôpital, M. Huygens, M. D'Hozier, M. Hoffman, M. Herman, M. Hartzoeker, M. Ludolf, M. Magliabechi, M. Mencken, M. Des Maizeaux, M. l'Abbé Nicaise, M. Oldenbourg, M. Pelisson, le R. P. Papebroek, M. Redmond de Montmort, M. Ramazzini, M. Spanheim, M. Stenon, le R.P. Tournemine, M. Tschirnaus, M. Thomasius, M. Wolff; et combien d'autres qui nous sont inconnus, ou que nous ne rappellons pas à notre mémoire dans ce moment! Il apprenait par eux toutes les Nouvelles des Sciences, les Découvertes, les particularités Litéraires, les Livres nouveaux, les Projets de Livres, l'Histoire anecdote des Ouvrages, des Auteurs, des Editions; Pays vaste, curieux, singulier, et connu seulement d'une poignée de monde.

Il était comme Ami né des autres Savants.

Ami né de tous les Savants, ou de ceux qui cherchent à le devenir, il les encourageait à mettre au jour leurs Ouvrages, quand il en prévoyait quelque utilité; il les animait par des Lettres obligeantes, leur donnait des avis, leur communiquait ses Remarques; content de recueillir pour tout fruit de ses liberalités, le plaisir secret de pouvoir contribuer à l'avancement des Sciences, et au bien du Public, ses deux passions favorites. Qu'on est estimable quand les vertus sont des passions!

Il fut estimé & pensionné de plusieurs Princes.

Voilà comment M. Leibnitz se fit connaître dans l'Empire des Lettres. Aussi les Académies les plus célèbres s'empressèrent de se l'acquérir. Mais sa réputation ne se borna pas seulement au Lycée, elle vola jusqu'à la Cour, où ce n'est d'ordinaire qu'une grande naissance et une fortune illustre qui annoncent les Hommes. Le nom de Savant a bien du chemin à faire pour parvenir jusqu'aux oreilles des Têtes Couronnées, et si cela arrive, c'est presque toujours fort tard, ou même uniquement à celles d'un Prince Protecteur des Sciences. Cependant le nom de M. Leibnitz vint de bonne heure, et pour ainsi dire de concert à la connaissance de plusieurs Souverains. L'Electeur de Mayence, le Duc de Brunswick-Lunebourg, Ernest August son Successeur, le Roi de Prusse, l'Empereur Joseph, l'Empereur Charles VI qui regne aujourd'hui, le Roi George I, le Czar, lui marquèrent leur estime, par des présents, des Pensions ou des Titres honorables. Pour parler aussi des Souveraines; et c'est un double honneur pour lui, d'avoir eu quelque part à leur bienveillance; les deux Imperatrices Amelie & Elizabeth, la Reine de Prusse

Sophie-Charlotte, la Princesse Sophie Epouse d'Ernest Auguste de Brunswick, lui ont donné plusieurs fois des marques du cas qu'elles faisaient de son mérite.

Il est mort en grand homme.

Enfin il a eu le bonheur de n'avoir point ressenti une longue et languissante vieillesse, et d'avoir conservé la vigueur de son esprit jusqu'à la fin de ses jours; avantage assez rare chez les personnes qui ont passé leur vie dans l'ivresse des Muses. Il montra toujours beaucoup de grandeur d'ame et de fermeté dans ces tristes instants où les vertus d'emprunt disparaissent, et où la plupart des hommes se dégradent eux-mêmes. Il vit venir les approches de la mort sans surprise, sans regrets, sans faiblesse, et sans crainte. Les uns disent que peu d'heures auparavant, il raisonnait de la manière dont le fameux Furstenback avait changé la moitié d'un clou de fer en or; et d'autres assurent qu'il lisait l'Argenis de Barclai, ce Livre qui a trouvé et qui trouve encore, tant de censeurs et d'approbateurs, tant de critiques et de partisans.

Il n'avait point été marié.

L'on fait que M. Leibnitz n'a point été marié. Il avait pensé l'être à l'âge de cinquante ans; la personne qu'il voulait épouser demanda un délai pour faire ses réflexions; pendant cet intervalle il en fit aussi de nouvelles, et conclut avec d'habiles gens, que le mariage est bon, mais que le Philosophe et l'Homme de Lettres y doivent songer toute leur vie.

Son humeur. Sa physionomie. Sa façon de vivre.

Son humeur était gaie, sa conversation agréable, utile, et polie par l'usage du beau monde. On dit qu'il se mettait aisément en colère, mais qu'il en revenait facilement. Il avait l'air appliqué, la physionomie douce, la vue très courte, mais infatigable. Il était d'une taille médiocre, plutôt maigre que gras, d'une vigoureuse complexion, n'ayant guère eu de maladies, excepté la Goute, et des vertiges qui provenaient vraisemblablement de sa manière de vivre et d'étudier. Il mangeait beaucoup, buvait peu quand on ne le forçait pas, et jamais de vin sans eau. Chez lui il était absolument le maitre, car il mangeait tout seul; la faim ou ses études marquaient l'heure de ses repas; il ne tenait point de ménage, et envoyait querir chez un Traiteur la premiere chose qui se présentait. Dès qu'il eut la Goute, il ne dînait que d'un peu de lait; mais il faisait un grand souper fort tard, sur lequel il se couchait. On rapporte que souvent il ne dormait qu'assis sur une chaise, et ne se réveillait pas moins frais à trois ou quatre heures du matin qu'il se remettait de nouveau à l'étude sans quitter son siège, et même pendant des mois entiers. Son nom justifiera, j'espère, ces petits détails, qu'autrement nous ne manquerions pas de taire.[149]

---

149 On a tiré tous ces détails des divers Mémoires imprimés de la Vie de M. Leibnitz.

Biens qu'il laissa.

Quoiqu'il eût de grands revenus, et qu'il parût faire une médiocre dépense, on n'a pas trouvé des biens si considérables après sa mort. Il avait employé de grandes sommes pour exécuter divers desseins, et principalement sa Machine Arithmétique. Il avait formé une assez belle Bibliothèque, dont le Prince se contenta pour le droit d'Aubaine qui est dans l'Électorat d'Hannover du tiers de ce que possede l'Etranger; d'ailleurs sa Bibliothèque avait été si confondue avec celle du Roi, qu'on ne pouvait distinguer les Livres de l'un et de l'autre. On compte qu'il a laissé une soixantaine de mille Ecus. Outre cela, on trouva dans sa chambre une grosse somme d'argent comptant qu'il avait caché; c'étaient deux ou trois années de son revenu.

Son héritière mourut de joye. Exemples de pareilles morts.

La découverte de ce dernier trésor fut funeste à la femme de son unique héritier M. Loeflerus, fils de sa Sœur utérine, et Curé d'un Village près de Leipzig. Cette femme, à la vue de cet argent qui lui tombait en partage, fut si saisie de plaisir qu'elle en mourut subitement. Il ne faut pas se figurer qu'elle soit la seule personne au monde que la joie ait, pour ainsi dire, étouffée. L'Histoire Grecque parle non seulement d'une Polycrata, mais de Chilon, de Sophocle, de Diagoras, de Philippides, et de l'un des Denys de Sicile, qui moururent tous de la sorte.

L'Histoire Romaine assure la même chose du Consul Manius Juventius Thalna, et de deux femmes de la Ville de Rome qui ne purent digérer le contentement que leur causa la présence de leur fils, après la déroute arrivée au Lac de Thrasymeme.[150] L'Histoire de France nomme la Dame de Château-Briant, que le trop d'aise fit expirer soudainement, voyant son mari de retour de Voyage de St. Louis. On trouve encore quelques exemples semblables parmi les Observations de Messieurs le Médecins, comme dans les Actes des Curieux de la Nature,[151] dans le Journal de Leipzig,[152] dans Korman,[153] et ailleurs. Cependant si la joie détruit quelquefois la machine, elle la rétablit beaucoup plus souvent; et pour dire tout ce que nous pensons, c'est une des causes de la mort si rare et si singulière, qu'on n'a pas besoin de remedes de précaution pour en prévenir les attaques; cette passion de l'âme qui lui est opposée, la tristesse ou la mélancholie, est bien plus à craindre, et fait bien d'autres ravages.

M. Eccard eut soin de ses funerailles.

M. Eccard, qui se chargea de faire à M. Leibnitz une sépulture honorable, invita pour cet effet toute la Cour

---

150 Voyez Aulu Gelle. Liv. III. Chap. 15. Ciceron dans ses Tulculanes. Liv. I. Valere Maxime Liv. IX. Chap. 12. Tite-Live Liv. XXII. Chap. 7 Pline Liv. VII. Chap. 53. &c.
151 *Acta Natura Curiosorum*. Docur. II. Ann.9. Observat. 22.
152 *Acta Eruditorum*. Anna 1686. Mense Jun. pag. 284.
153 Kormannus, *De Miraculis mortuorum*. Part. IV. Cap. 106.

à ses funérailles; et personne n'y parut, parce que les Courtisans n'agissent guères que pour la faveur ou l'intérêt, et ne payent liberalement des devoirs qu'à ceux qui peuvent contribuer à leur fortune. Il avait mis sur la Tombe de M. Leibtnitz plusieurs Emblêmes. À la droite était un Tournesol avec ces paroles au dessus, *Inclinata resurget*; et au milieu ces quatre Vers d'Horace, qui marquaient fort bien le caractère de son Ami décedé.

> *Virtus recludens immeritis mori*
> *Cælum, negatâ tentat iter viâ,*
> *Cætusque vulgares, et udam*
> *Speruit humum fugiente pennâ.*

On voyait ensuite une Aigle qui s'élève vers le Soleil, avec ces mots, *Haurit de lumine lumen*. À la gauche on avait placé de représentation d'un Phénix qui se brule sur un Autel, avec la Devise, *Cineri manebit honos*. Au milieu étaient gravées ces paroles, *Pars vitæ quoties perditur hora perit*. Enfin il y avait pour Emblême le Chiffre I, avec cette Devise, *Omnia ad unum*. On voit au bas l'Inscription suivante.

Ossa
Illustris Viri
Godofredi Gulielmi
Leibnitii,
S. Cæf. Maj. Consil. Aulici,
S. Reg. Maj. Britanniarum,

S. Russorum Monarchæ,
A Consiliis Justitiæ.
Intimis.
Natus Ann. M. DCXLVI.
Die XXIII Junii.
Decessit An. M. DCCXVI.
Die XIV. Novembr.

Les Poètes jettèrent aussi des fleurs sur son Tombeau, et firent grand nombre de Vers en plusieurs Langues à son honneur.[154] C'est à la vérité une espèce d'hommage qu'on

---

154 Je ne transcrirai qu'une Elegie Latine que fit alors M. Chrét. Golbach, Conseiller de la Cour du Roi de Prusse.

Ut resides Phœbi Tellus animosa quadrigas
  Ambiat & liquidam pendula radat iter;
Ut ruat, inque suum rapide revolubilis axem,
  Stelliferos faciat nocte redire choros;
Quaque bipartitos cieat vis enthea motus,
  Leibnitii potuit dinumerare labor.
Terrasque tractusque Maris super ipse vagatus,
  Sparsas Naturæ vidit ovantis opes.
Se Gallis, Batavisque dedit, Sociumque Britannis,
  Nec faciem nescis, Romula Dia, Viri.
Quin & ad extremos animo penetraverat Indes,
  Et Sinicos nostro sistit in orbe Lares.
Nulli nota prius rerum discrimina scivit,
  Et numerûm nodos solvere natus erat.
Germanumque Italumque dia cum luderet aer,
  Sollicitis causas reddidit ille Viris.
Cur levet argenti fermosier aura liquorem,
  Cur pluvio cedat vivida massa Jovi?
Nec totam reputes a summo cortice laudem,
  Infima terrarum viscera anhelus adit;
Fulvaque propitia tenuit præcordia cryptæ,
  Qua nisi divinis mater avara negat.
Nil jam, Terra, dabas quo pergeret. Involat Astris,
  Faller? An hic etiam cognita cuncta vider?

rend en Allemagne aux Gens de Lettres plus volontiers, et plus fréquemment qu'en tout autre endroit du monde; cependant, si quelqu'un s'en est jamais montré digne, c'est sans doute celui que toute la Nation met d'un consentement universel à la tête des Savants qu'elle a produit.

On reproche à M. Leibnitz que son savoir n'était pas consacré par la Religion.

Mais au grand Savoir on n'allie pas toujours le plus de Religion; l'étude nourrit l'esprit, et la foi se perd. Voilà, prétendent quelques personnes de mérite, ce qui est arrivé à M. Leibnitz, ce dont ses propres Pasteurs l'ont accusé, et ce qui a même passé en proverbe. On nous permettra néanmoins de dire, qu'on ne saurait être trop retenu dans les jugements si souvent faux qu'on porte des Hommes à vue de pays sur cet article, et le plus sage est à coup sûr de remonter aux sources. On ne croit pas qu'on trouve des traits contre la Religion dans aucun des Ecrits de M. Leibnitz. Au contraire, le morceau qu'il écrivit étant à Vienne en 1714, pour M. le Prince Eugene, intitulé, *Principes de la Nature et de la Grace fondés en raison*, renferme des propositions qui tendent à établir la Religion en général; et quoiqu'il n'y parle pas de Révélation parce qu'il s'agissait d'un Système purement Métaphysique, l'on y apperçoit pourtant des vue qui mènent naturellement à la Religion Révélée. D'ailleurs l'on fait qu'il avait autrefois defendu en

Chrétien même Orthodoxe, le dogme de la Trinité contre le fameux Wissowatius. Il est encore averé qu'il fit toujours profession exterieure du Luthéranisme, et de plus nous tenons de bonne main qu'il se persuadait d'avoir trouvé dans sa Philosophie un moyen d'expliquer la Présence de Jesus-Christ dans l'Eucharistie, selon les idées des Théologiens de son parti.

Il est vrai qu'il n'allait pas beaucoup aux Assemblées publiques de Dévotion: mais ce Culte exterieur caractérise-t-il seul la Religion? Combien de gens oisifs de l'un et de l'autre sexe, qui en tous lieux se font un passe-temps règlé d'assister aux Églises, et qui sans ce secours seraient fort embarassés de leur figure, et plongés dans un mortel ennui? Combien d'autres qui n'y sont attirés que par vanité, par fausse dévotion, et peut-être par des passions plus honteuses? La grande assiduité aux Eglises n'est donc pas davantage une preuve de Religion, qu'une fréquentation plus rare le ferait d'irréligion; et à tout prendre, M. Leibnitz ne deviendrait blâmable que d'avoir négligé un devoir extérieur et des Rits cérémoniels.

Les bruits vulgaires contre lui ne servent jamais de preuves. Comme il était fort moderé par rapport aux trois Religions qui dominent dans l'Empire, et qu'il estimait beaucoup plusieurs Jésuites et leur savante Société en général, quelques Catholiques se flattèrent de pouvoir le gagner, surtout quand il fut fait Conseiller Aulique et qu'il vint à Vienne; mais dès qu'ils le virent de retour à Hannover, ils commencèrent à perdre cette espérance, et l'on fit alors sur lui ce jeu de mots Allemand, LEIBNITZ GLAUBT NITZ,[155] c'est-à-dire, *Leibnitz ne croit rien*, par allusion à la termination de son nom; plaisanterie qui est insensiblement passée en Proverbe. Ajoutez à cela, ce qu'a écrit M. Pfaff soutenu de M. Le Clerc, que la Théodicée paraissait n'être qu'un pur jeu d'esprit, et vous aurez une partie des sources où l'on a puisé cette idée que son auteur n'était qu'un rigide observateur de la Religion Naturelle. Toujours est-ce une vérité constante; que de tout temps, et en tout pays, on a décidé de la Religion de quantité d'habiles gens sur des fondements aussi peu solides.

Il est arrivé une fois à M. Leibnitz d'avoir feint une dévotion, à laquelle il n'ajoutait certainement point de créance. Voici le fait.[156] Un jour dans une de ses courses sur la mer d'Italie, il s'éleva une furieuse tempête; le Pilote déconcerté, qui ne croyait pas être entendu par un Allemand qu'il regardait comme la cause de l'orage le jugeant hérétique, proposa de le jetter dans la mer; sur quoi le Jonas Luthérien sans marquer aucun trouble tira un Chapelet, qu'il avait peut-être pris par précausion, et le tourna d'un air assez dévot pour parer le coup qu'un zèle superstitieux lui préparait. Mais si quelqu'un voulait se servir de cette particularité comme d'une preuve du peu de Religion du Voyageur, il faut l'avertir par avance qu'il ferait grand tort à son jugement.

---

155 Pour parler correctement, il aurait fallu dire NICHTZ, *Rien*.
156 Histoire de l'Acadérn. Roy. ders Scienc. Ann. 1716. Eloge de M. Leibnitz.

On l'accuse aussi d'avarice.

On accuse aussi M. Leibnitz d'avarice. Il ferait mieux de dire qu'il aurait dû vivre d'une manière moins économe, et rechercher davantage les commodités du bien-être, que ses revenus lui permettaient de se procurer. D'ailleurs (dit à ce sujet M. De Fontenelle, dont les réflexions ont fait si souvent la parure de cette Ebauche) il laissait aller le détail de sa maison comme il plaisait à ses Domestiques, et il dépensait beaucoup en négligence.

De passion pour des Projets.

M. Leibnitz se plaisait, dit-on, à former quantité de Projets, qu'il n'a point remplis, et auxquels sa vie et celle de plusieurs personnes ensemble n'eussent pu suffire. Cependant, il n'est point d'habiles gens qui ne se trouvent dans ce cas-là. Le génie et le savoir fournissent plus de vues, inspirent même un courage plus entreprenant, que ne comporte la condition humaine; et peut-être ne ferait-on pas tout ce qu'on peut, sans l'esperance de faire plus qu'on ne pourra. Le succès dans les Sciences, comme dans les affaires de la vie civile, n'est souvent le prix que d'une certaine hardiesse. Il y a des témérités qui ne peuvent venir que de grands Maîtres. Si celui-ci n'avait pas beaucoup exécuté, on pourrait mettre ses projets au rang des Chimères dont quelque Gens de Lettres ont bercé le Public.

D'envie de passer pour un des premiers Savants.

M. Leibnitz était extrêmement sensible à la passion de passer dans l'esprit des autres hommes, pour un des premiers Savants de son Siècle. On l'avoue. Mais ses travaux ne justifient-ils point cette sensibilité? Oui, l'ardeur pour l'étude donne naturellement l'idée d'un homme avide de gloire. Car enfin, pour tant de veilles qu'il endure, peut-il butter à d'autres récompenses qu'à la louange et à l'estime? C'est la flateuse esperance d'être consideré, qui sert d'ailguillon à la vertu. Ceux qui n'en sont point touchés, rampent toujours confondus dans la foule, tandis que ceux qui sont soutenus par cette noble ambition, s'élevent au dessus de leurs égaux, et marchent à pas de géant dans le chemin de l'immortalité.

Mais, ajoute-t-on, M. Leibnitz a poussé trop loin la vanité sur cet article, et en particulier sur ses travaux et ses découvertes. Les peines et les soins qu'on prend, l'amour de ce qu'on a trouvé, la douceur de s'en assurer la possession, pourront presque lui servir d'excuses assez légitimes.

Enfin, d'être devenue Courtisan.

Enfin on lui reproche d'avoir ensuite abandonné cette passion des Muses, et recherché davantage sur les dernières années de sa vie, d'être Courtisan que Philosophe. Ce serait alors un faible difficile à justifier. Laissons aux personnes qui l'ont vu et connu dans ce temps-là, à prononcer sur la validité de cette accusation.

Si elle se trouve bien fondée, c'est apparemment parce que la Cour est un pays où toutes les professions se changent assez vite en celle de Courtisan.

M. Eccard avait promis la Vie de M. Leibnitz.

Nous supprimons quelques autres reproches qu'on a faits à M. Leibnitz,[157] et dont personne n'aurait pu mieux nous éclaircir que M. Eccard son Élève, son compagnon de travail, son intime ami, qui a vécu près de dix-neuf ans avec lui, et qui lui a succedé dans son Emploi d'Historiographe et de Bibliothecaire du Roi à Hannover; au reste, savant très versé dans l'Histoire d'Allemagne, et connu par un grand nombre d'Ouvrages.[158] Il avait promis une Vie complete de M. Leibnitz, ses Oeuvres posthumes, une Collection de ses Lettres, une continuation de l'Histoire de Brunswick, des Leibnitiana, et un Recueil exact de tous

---

157 Nous omettons aussi certaines particularités qu'on a débitées sur son compte sans aucune preuve et avec très peu de fondement, comme par exemple, ce que nous avons lu quelque part, qu'il avait refusé l'Emploi de Bibliothecaire du Vatican; qu'il avait eu dans sa jeunesse un fils naturel, nommé Guillaume Dinniger &c. Ceux qui nous ont communiqué ces sortes d'Anecdotes, n'ont pas été certainement bien informés.

158 Les principaux sont les suivants, qu'il n'est pas inutile de connaitre.
Leges Francorum Salica ac Ripuariorum. Lipsiæ 1720. in fol.
Veterum Monumentorum Quaternio. Hanoveræ 1720. in fol.
Epistola de Nummis quibusdam in honorem Imperatorum Zenonis & Anastasii cusis. Hanoveræ 1720 in 4.
Historia Genealogica Principum Saxoniæ. Lipsiæ 1722. in fol.
Epistola de Nummis quibusdam explicatu difficilieribus. Lipsiæ 1722 in 4.
Corpus Historicum Medii Aevi. Lipsiæ 1723. 2 Vol. in fol.

ses petits Ouvrages épars çà et là, avec des additions et des remarques. Mais le Public n'a pas profité de ses promesses, par une suite d'évenements inopinés qui sont venus à la traverse, et qui peuvent être un exemple des vicissitudes d'ici-bas, auxquelles un Savant est exposé comme un autre.[159]

M. Camusat y avait aussi songé.

M. Camusat avait aussi prémédité de donner une Vie de M. Leibnitz fort étendue; mais la mort l'a enlevé lui-même à la fleur de son âge, dans le temps qu'il était chargé d'autres occupations plus pressantes, et avant qu'il ait pu commencer ce travail. À ce que ces deux habiles Hommes n'ont fait que projetter, on vient de tâcher de suppléer en partie par ce petit Ecrit, que l'on se flatte de pouvoir retoucher quelque jour, et le donner alors moins imparfait et moins défectueux.

FIN.

---

159 Il suffira de rapporter ici le fait tout simplement, en forme de note.
M. Eccard, devenu triste & mélancholique sur les dernières années de sa vie, après avoir demeuré à Hannover jusqu'en 1724, remplissant les Emplois qu'avoir possedés M. Leibnitz avant lui, en sortit un jour à pied, mal vétu, sans argent, et se retira d'abord dans l'Abbaye de Corwey en Westphalie. De là il se rendit à Cologne, où après avoir embrassé la Religion Catholique, on lui offrit tout à la fois trois Charges fort honorables; l'une, de Bibliothecaire de l'Empereur; l'autre, de Conseiller & Bibliothécaire de l'Evêque de Passaw; et la troisième, de Conseiller, d'Archiviste, et de Bibliothecaire de l'Evêque de Wurtzburg avec mille Ecus de pension, qui est l'Emploi auquel il donna la préférence.

Catalogue Chronologique
des Ouvrages de
Mr. Leibnitz

NOTE

Remarquez que les chiffres accompagnés d'une *
indiquent les Morceaux qui se trouvent parsemés
ça et là dans plusieurs Livres différents.

I.

Specimina Juris. I. *Specimen difficultatis in Jure, seu Dissertatio de Casibus Perplexis.* II. *Specimen Encyclopadiæ in Jure, seu Quastianes Philosophica amonieres ex Jure collectæ.* III. *Specimen certitudinis, seu Demonstrationum in Jure, exhibitum in Doctrinæ Conditionum.* Lip-fiæ in 12.

C'est un Recueil de trois Theses qu'il soutint pendant le Cours des ses Etudes de Droit.

II.

Nova Methodus discenda docendaque Jurisprudentia. Francol. 1667, in 12.

Nous en avons parlé dans sa Vie.

III.

Carporis Juris reconcinnandi Ratia. Moguntiæ 1668, in 12.

On peut regarder ce Livre comme une suite du précédent. On en a aussi parlé.

IV.

G.G.L. *Ars Combinateria.* Lipfiæ 1668. Francof. 1690. in 4.

Cet Ouvrage a été r'imprimé à l'insu de M. Leibnitz. Il l'avait composé fort jeune en 1668, n'étant âgé que de 22 ans. Voyez Leibnitiana, pag. 143. Morrhof Tom. I. Page 352. Acta Eruditorum Ann. 1691, pag. 63. Anno 1728, pag. 546.

V.

Specimen Demonstrationum Politicarum pro eligendo Rege Polonorum, novo scribendí genere, ad claram certitudinem exactum; *Auctore* Georgio Ulicovio Lithuana. Vilnæ 1669 in 12. Nous en avons parlé amplement.

VI.

Marii Nizolii Anti-barbarus Philosophus, sen de veris Principiis et vera Ratione Philosophandi contra Pseudo-Philosophos, cum Præsatione et notis G.G. Leibnitii. Francof. 1670 in 4.

Cet Ouvrage, dont nous avons rendu compte, avait été imprimé à Parme en 1553 in 4. pour la première fois, mais il était entièrement tombé dans l'oubli, quand M. Leibnitz crut qu'il méritait de paraître de nouveau. Voyez Morrhof Tom. 2, pag. 80. Aujourd'hui ce Livre de Nizolius est derechef abandonné à son sort.

VII.

Sacro-Sancta Trinitas per nova Inventa Logica defensa. 1671 in 12.

Nous avons fait mention de cette Brochure.

VIII.

Nova Hypothesis Physica, quâ Phœnomenorum Natura plerorumque Causa ab unico quodam universali Motu in Globo nostro supposito repetuntur. Seu Theoria Motús Abstracti et Concreti. Moguntiæ 1671 in 12. *Item* Londini *dein.*

Nous avons mentionné ce Livre qui forme deux Traités, l'un sur le Mouvement Abstrait, et l'autre sur le Mouvement Concret. Il dédia le premier à l'Académie Royale des Sciences de Paris, et le second à la Société Royale de Londes. On peut voir Morrhor, Tom. a, pag. 148 sur ce sujet. M. Knoor de Rosenroth a traduit cet Ouvrage de M. Leibnitz en Allemand, sous le nom déguisé de *Christophorus Pegantius,* et l'a joint à une Traduction qu'il a fait de la *Pseudodoxia Epidemica* de Thomas Brown. L'Edition est de Nuremberg en 1680 in 4. Le Docteur Wallis a exposé dans les Transactions Philosophiques N. LXXIV, pag. 2227, son sentiment sur ces deux brochures de M. Leibnitz.

IX.*

Confessio Natura contra Athaos.

C'est une Brochure que M. Spitzelius a insérée dans un Ecrit contre les Athées.

X.*

Notitia Optica Promotæ.

Brochure que M. Leibnitz envoya à Spinosa avec une Lettre datée du 5 Octob. 1671, dans laquelle il lui propose une Méthode pour perfectionner les verres de Lunettes. Sa Lettre et la Réponse de Spinosa se trouvent dans les Oeuvres Posthumes de ce dernier, pag. 559.

XI.*

Extrait d'une Lettre touchant le principe de la Justesse des Horloges Portatives de l'Invention de M. Leibnitz.

Inseré dans le Journal des Savants du 25 Mars 1675.

XII.*

Lettre écrite d'Hannovre le 18 Juin 1677, contenant la Relation de la figure d'un Chevreuil coiffé d'une manière fort extraordinaire.

Dans le Journal des Savants du 5 Juillet 1677. Augmentée dans les Mélanges de Berlin.

XIII.

Cæsarini Furstnerii de Jure Suprematus et Legationis Principum Germania, 1677 in 12.

Nous nous sommes étendus sur le sujet de cet Ouvrage. Nous ajouterons ici seulement qu'il fut imprimé en Hollande, et reimprimé d'abord en Allemagne jusqu'à quatre fois en très peu de temps. Il parut aussi bientôt en Français sous ce Titre: Entretiens de Philarete et d'Eugene, sur la question du temps agitée à Nimegue touchant le Droit d'Ambassade des Electeurs et Princes de l'Europe, in 12. à Duysburg en 1677.

XIV*

Observation nouvelle de la manière d'essayer si un Nombre est primitif.

Inserée dans le Journal des Savants du 28 Février 1678.

XV.*

Lettre touchant la Quadrature d'une portion de la Roulette.

Journal des Savants du 23 Mai 1678.

XVI.*

De Vera Ratione Circuli ad Quadratum Circumscriptum in Numeris Rationalibus, à G.G. Leibnitio expressa.

Journal de Leipzig Fevrier Ann. 1682. pag. 41. M. Leibnitz fit en 1673 la Découverte de la Quadrature Arithmétique du Cercle dont il s'agit ici. Il crut d'abord, de même que M. Huygens, qu'il était le premier qui eût donné la valeur du Cercle par une suite de Nombres Rationaux: mais il apprit bientôt par une Lettre de M. Oldenbourg, que M. Newton avait déjà donné des choses semblables, non seulement sur le

Cercle, mais encore sur toutes sortes d'autres Figures, et il en reçut même des Essais.

XVII.*

Unicum Optica, Catoptrica, et Dioptrica Principium, Authore G.G.L.

Journal de Leipzig, Juin, page. 185.

XVIII*

G.G.L. *Meditatio de Separatione Salis et Aqua dulcis, novoque separationum Chymicarum genere.*

Journal de Leipzig. Decemb. pag. 386.

XIX.*

G.G.L. *Meditatio Juridico-Mathematica de Interusorio simplice.*

Journal de Leipzig. Octob. 1683. pag. 425.

XX.*

De Dimensionibus Figurarum inveniendis.

Journal de Leipzig. Mai 1684. pag. 233.

XXI.*

Demonstrationes nova de Resistentia Solidorum. Anthore G.G.L.

Journal de Leipzig. Juillet Ann. 1684. pag. 319.

XXII.*

Nova Methodus pro Maximis et Minimis, itemque Tangentibus quæ nec fractas nec irrationales quantitates moratur; et singulare pro illis Calculi genus, per G.G.L.

Journal de Leipzig. Ann. 1684. Octob. pag. 467. C'est ici le premier Morceau qu'il publia sur le Calcul Différentiel.

XXIII.*

Meditationes de Cognitione, Veritate, et Ideis, per G.G.L.
Journal de Leipzig. Ann. 1684. Novemb. pag. 537.

XXIV.*

Additio ad Schedam in Actis proxime antecedentibus Maji pag.
233 editam, de Dimentionibus Curvilinearum, per G.G.L.
Journal de Leipzig. Ann. 1684. Decemb. pag. 585.

XXV.*

G.G.L. *Demonstratio Geometrica Regulæ apud Staticos receptæ,*
de Momentis Gravium in Planis inclinatis, nuper in dubium
vocatæ, et solutio casûs elegantis in Act. Erud. Novemb. pag. 512.
Ann. 1684, propositi, de Globo duobus Planis Angulum rectum
facientibus simul incumbente; quantum unumquodque Planorum
prematur determinans.
Journal de Leipzig. Novemb. 1685. pag. 501.

XXVI.*

G.G.L. *Brevis Demonstratio erroris memorabilis Cartesii et*
aliorum circa Legem Naturæ, secundum quam volunt a Deo
eandem semper quantitatem Motûs conservari, quâ et in re
Mechanicâ abutuntur, communicata in Literis d. 6. Jan. datis.
Journal de Leipzig. Mars 1686 pag. 161. Cette Démonstration est en Français, et suivie d'une réponse, dans les Nouvell. de la Républ. des Lettres Sept. 1686. pag. 996.

On demande en Physique, si la Force d'un Corps dans le Choc, doit être mesurée par le produit de sa Masse et de sa Vitesse, ou par le produit de la Masse et du Quarré de la Vitesse? Question fameuse, qui partage encore tous les Physiciens! C'est la seconde manière d'estimer la Force du Choc des Corps, que propose ici M. Leibnitz, sur quoi M. Newton s'est rangé d'un avis contraire. Tous deux ont trouvé de grands et de zèlés partisans; et ce qui paraîtra plus singulier, des Géometres du premier ordre, qui ne parlent qu'après des Experiences. L'Histoire de cette seule dispute bien détaillée, formerait in Ouvrage. Mais il suffira de dire pour le présent, que d'un côté, toute l'Angleterre, et en particulier les Drs. Clarcke, Pemberton et Desaguliers, se sont hautement déclarés pour M. Newton; de l'autre, M. Herman, M. Wolff, M. le Marquis Poleni, et M. s'Gravesande ont pris le parti de M. Leibnitz.

Tant il est vrai que la Géométrie Mixte, où il entre des idées de Physique, participe à une portion de cette incertitude qui est une Compagne inséparable de la Science des choses naturelles; hormis que quelqu'un ne juge que dans la Contestation dont je parle, il se trouve plus d'opposition dans les termes que dans les idées.

XXVII.*

G.G.L. *Meditatio nova de natura Anguli contactûs et osculi, horumque ufu in practica Mathesi, ad Figuras faciliores succedaneas difficilioribus substituendas.*

Journal de Leipzig. Ann. 1689. Juin, pag. 258, & 289.

XXVIII.*

G.G.L. *De Geometria Recondita, et Analysis Indivisibilium et Infinitorum.*

Journal de Leipzig. Ann. 1689. pag. 292. Ajoutez ici ce qui a été dit dans le même Journal Ann. 1684. Mai, pag. 233. Octob. pag. 264. Decemb. pag. 586.

XXIX.*

G.G.L. *De Lineis Opticis, et Alia.*

Journal de Leipzig. Janv. 1689. pag. 36.

XXX.*

G.G.L. *Schediasma de Resistentia Medii, et Motu Projectorum Gravium in Medio resistente.*

Journal de Leipzig. Ann. 1689. pag. 38.

XXXI.*

Tentamen de Motuum Cœlestium causis, Auth. G.G.L.

Journal de Leipzig. Ann. 1689. Fevr. pag. 82.

XXXII.*

G.G.L. *De Linea Isochrona, in quâ Grave sine acceleratione descendit; et Controversia cum D. Abbate D.C.*

Journal de Leipzig Ann. 1689. Avril, pag. 195. Voyez Otium Hannoveranum, pag. 21. Bibioth. Anc. & Modern. Tom. 4. pag. 193.

XXXIII.*

G.G.L. *De causa Gravitatis, et Defensio sontentia sua de Veris Natura Legibus contra Cartesianes.*

Journal de Leipzig. Mai, 1690. pag. 228.

XXXIV.*

G.G.L. *ad ea qua Vir Clar. J. Bernoullius mense Majo nupero de sorte Alearum publicavit, Responsio.*
Journal de Leipzig, Ann. 1690. Juillet, pag. 359.

XXXV.*

Lettre sur la Question, si l'Essence du Corps consiste dans l'Etendue.
Journal des Savants du 18 Juin 1690, et du 5 Janv. 1693. C'est un point de Physique sur lequel M. Leibnitz a été assez chancelant, ayant tenu, tantôt pour l'affirmative, tantôt pour la négative.

XXXVI.*

O.V.E. *Quadratura Arithmetica communis Sectionum Conicarum qua Centrum habent, indeque ducta Trigonometria Canonica, ad quantamcumque in Numeris certitudinem Tabularum necessitate liberata; cum usu speciali ad Lineam Rhomborum Nauticam, aptatumque illi Planisphærium.*
Journal de Leipzig. Ann. 1691. pag. 178.

XXXVII.*

De Linea in quam flexile se pondere proprio curvat, ejusque usu insigni ad inveniendas quotcunque Medias Proportionales et Logarithmos. Auth. G.G.L.
Journal de Leipzig. Ann. 1691. pag. 277.

XXXVIII.*

De Solutionibus Problematis Catenarii vel Funieularis à D.J. Bernoulli proposius.
Journal de Leipzig. Septemb. 1691. pag. 435.

XXXIX.*

G.G.L. *De Legibus Natura, et vera astimatione Virium Motricium contra Cartesianos. Responsio ad Rationes à D.P. Januario in Act. hisce pag. 6. propositas.*

Journal de Leipzig. Sept. 1691. pag. 439.

XL.*

G.G.L. *Additatiuncula ad Considerationes Ferdin. Helfrici Lichtscheid.*

Journal de Leipzig. Octob. 1691. pag. 500.

XLI.

De la Tolérance des Religions. Lettres de M. Leibnitz, et Réponses de M. Pelisson. Paris 1692. in 12.

On r'imprima d'abord en Hollande ce petit Ouvrage, dans lequel M. Leibnitz approuve la Tolérance, et M. Pelisson la rejette. Les Lettres de ces deux Messieurs sur ce sujet sont insérées en partie dans l'Otium Hannoveranum. Il y regne beaucoup de bonne foi, de politesse, et de charité de part et d'autre. D'ailleurs ils n'ont fait qu'effleurer légèrement cette matière, que d'habiles gens, et surtout en Angleterre, ont si bien approfondie, qu'ils l'ont epuisée.

XLIII.*

De la Chaînette; ou Solution du Problème fameux proposé par Galiléo, pour servir d'Essai d'une nouvelle Analyse des Infinis, avec son usage pour les Logarithmes, et une application à l'avancement de la Navigation.

Journal des Savants du 31 Mars 1692.

XLIII.*

De Linea ex Linois numero infinitis ordinatim ductis inter se concurrentibus formata, easque omnes tangente; ac de novo in ca re Analysis Infinitorum usu, Auth. O.V.E.

Journal de Leipzig. Avril 1692. pag. 168.

XLIV.*

Lettre sur quelques Axiomes de Philosophie à M. l'Abbé Faucher.

Journal des Savants du 11 Juin 1692.

XLV.*

Epistola tres, de Novis Literariis, ad V.C. Ern Tentzelium.

Dans le Livre de Tentzelius intitulé, Colloquia Menstrua. Ann. 1692.

XLVI.*

Constructio Testudinis Quadrabilis Hemispharica, Auth. G.G.L.

Journal de Leipzig. Juin 1692. pag. 275.

XLVII.*

Nouvelles Remarques touchant l'Analyse des Transcendantes, différentes de celles de M. Descartes.

Journal des Savantes du 14 Juillet 1692.

XLVIII.*

Conjectures sur l'Origine du mot Blazon.

Journal des Savants du 28 Juillet 1692.

XLIX.*

G.G.L. *Generalia natura Linearum, anguloque contactûs et osculi pervolutionibus aliisque cognatis, et eorum usibus nonnullis.*

Journal de Leipzig. Ann. 1692. Sept. pag. 440.

L.*

Protogea, Auth. G.G.L.

Journal de Leipzig. Ann. 1692 et 1693. Jan. pag. 40. C'est un Essai sur l'état du Terroir d'Allemagne, de ses Mines, de ses Montagnes, de ses Lacs, tel qu'on pouvait conjecturer qu'il était autrefois, et avant ce que l'Histoire nous en apprend. Cet essai-là aurait formé un Traité sur ce sujet, et ce Traité devait précéder l'Histoire de Brunswick.

LI.*

Additio G.G.L. *ad Solutionem Problematis in Act. Erud. Ann. 1692. pag. 274. propositi.*

Journal de Leipzig. Ann. 1693. pag. 42.

LII.*

Excerpta ex Epistola VI. Cal. Mart. 1693. de Codice Juris Gentium edendo, in Collectione Tractatuum et Actorum Publicorum per Europam, Authenticis ad Archivorum fidem Diplomatibus, sed ineditis plerumque, aut certe minùs obviis, comprehensorum; ex Recens. G.G.L.

Journal de Leipzig. Ann. 1693. pag. 141.

LIII.*

G.G.L. *Supplementum Geometria Practica, sese ad Problemata transcendentia extendens, ope Nova Methodi Generalissima per Series Infinitas.*

Journal de Leipzig. Ann. 1693. pag. 178.

LIV.*

Lettre à M. L'Abbé Nicaise, sur la Philosophie de M. Descartes.

Journal des Savants du 13 Avril 1693.

LV.*

G.G.L. *Problema Majo nupero in his Actis, Ann. 1693. pag. 235, propositum.*

Journal de Leipzig. Ann. 1693. pag. 313.

LVI.*

Lettre à M. Faucher, Chanoine de Dijons.

Journal des Savants du 3 Août 1693. Elle roule sur quelques Axiomes de Philosophie.

LVII.*

Règle générale de la Composition des Mouvements.

Journal des Savants du 7 Septemb. 1693.

LVIII.*

Deux Problèmes construits par M. Leibnitz, en employant la Règle générale de la Composition des Mouvements.

Journal des Savants du 14 Sept. 1693.

LIX.*

G.G.L. *Supplementum Geometria Dimensoria. Seu Generalissima omnium Tetragonismorum effectio per Motum: Similirerque multiplex Constructio Linea ex data Tangentium conditione.* Journal de Leipzig. Sept. 1693. pag. 385.

LX.*

Excerpta ex Epistola G. G. L. cui præcedens meditatio fuit inclusa. Journal de Leipzig. Octob. 1693. pag. 476.

LXI.

Cogitationes de Huetii Censura Philosophia Cartesiana, et Swelingii Responsio, de Vita et Doctrina Cartesii.

M. Leibnitz avait déjà marqué auparavant à l'Abbé Nicaise ce qu'il pensait sur Descartes, il s'en entretint plus au long avec M. Chr. Thomasius qui inséra dans son Livre intitulé, *Historia Sapientiæ et Stultitiæ*, ce que M. Leibnitz lui avait communiqué touchant Descartes.

LXII.

Codex Juris Gentium Diplomaticus, in quo Tabulæ Authentica Actorum Publicorum, pleræque inedita vel selecta continentur, quem ex Mss. præfertim Bibliotheca Angusta Guelferbitunæ Codicibus, et Monumentis Regiorum aliorumque Archivorum, as propriis denique Collectaneis, edidit G.G.L. *Hannoveræ, imperisis Saxonelis Ammonii* 1693. in fol.

Ce beau Recueil commence à l'année 1096, et finit en 1499. Toutes les Pieces qu'il contient, y sont rangées selon l'ordre des temps. Il y a mis à la tête une Préface de bon goût, et très sensée. Il publia ensuite un Supplément à ce

Recueil. On peut consulter sur le Code du Droit des Gens, le Journal de Leipzig, Ann. 1693, pag. 370, et M. Fabricius, *Historia Biblioth. Propr.* Part 2 page 313 etc. Nous avons aussi parlé au long de cet Ouvrage.

LXIII.*

G.G.L. *De prima Philosophia emerdatione, et de notiono substantia.*

Journal de Leipzig. Ann. 1694. pag. 110.

LXIV.*

G.G.L. *Nova Calculi Differentialis applicatio, et usus, ad multiplicem Linearum Constructionem ex data Tangentium conditione.*

Journal de Leipzig. Ann. 1694. pag. 311.

LXV.*

Lettre sur une Manière de perfectionner la Médecine.

Journal des Savants Ann. 1694, le 16 Juillet. Cette manière qu'entend ici M. Leibnitz, serait d'ajouter chaque année aux Listes Anniversaires des Baptêmes et des Morts, une Histoire de la constitution de l'Air, des Saisons, des Maladies qui ont regné parmi les Animaux, et de celles qui ont eu cours parmi les Hommes et à peu près selon le plan de Ramazzini, sur lequel on encherirait facilement, en le faisant faire par ordre public, par d'habiles gens, et en le rendant plus général et plus étendu. Alors on dresserait tous les ans un Recueil succinct de ce genre d'Observations, qui ne pourraient que devenir d'un grand usage à la suite des temps. Tout cela est fort judicieux: mais, comme M. Leibnitz l'a dit lui-même, c'est une vérité aussi certaine que déplorable, que le soin de l'Ame et du Corps sont les premières choses auxquelles on devrait penser, et les dernières auxquelles on pense.

LXVI.*

Considerations qu'il y a à observer entre l'Analyse ordinaire, et le Nouveau Calcul des Transcendantes.

Journal des Savants du 23 Août 1694.

LXVII.

G.G.L. *Constructio propria Problematis de Curva Isochrona Paracentrica, ubi et generaliora quædam de natura et Calculo Differentiali Osculorum, et de constructione Linearum Transcendentium, una maxime Geometrica, altera Mechanica quidem, sed generalissima. Accessit modus reddendi Inventiones Transcendentium Linearum Universales, et quamvis casum comprehendant, et transeant per punctum datum.*

Journal de Leipzig, Ann. 1694. Août pag. 364.

LXVIII.*

Lettre sur une fausse Vie du P. La Chaize.

Dans les Colloquia de Tentzelius. 1694.

LXIX.*

Epistola in qua contra V.C. Pfannerum defenditur Fœdus inter Carolum Regem Galliæ, et Duces Saxonia Fridericum atque Willelmum, Anno 1444 initum, et in Codice Diplomatico Assertum.

Des Actes d'Allemagne. §. XXIII.

LXX.*

Vom Unterscheid &c. (*Id est*) *De Discrimine inter Vexillum Imperii et Vexillum Conflictus Wurtenbergense.* 1694. in 4.

Voyez Fabricius Part. I. *Histor. Biblioth. Propr.* pag. 193.

LXXI.*

Specimen Dynamicum pro admirandis Natura Legibus circa Corporum Vires, et mutuas Actiones detegendis, et ad suas causas revecandis, Auth. G.G.L.

Journal de Leipzig. Ann. 1695. pag. 145. M. Leibnitz était persuadé qu'il se trouve toujours dans la Nature la même quantité de Force, et non pas la même quantité de Mouvement, ainsi que l'a cru Descartes. C'est de ce seul Principe qu'il tire ce que l'expérience a enseigné sur le Mouvement, et touchant le Choc des Corps, contre les Règles de Descartes, et qu'il a établi la nouvelle Science qu'il nomme la Dynamique, de laquelle il a inseré dans le Journal de Leipzig, l'Essai dont le Titre est ici marqué.

LXXII.*

G.G.L. *Notatiuncula ad constructionem Lineæ in qua Sacoma æquilibrium cum pondere moto faciens, incedere debet, datam a Marchione Hospitalio; et quadam de Quadraturis.*

Journal de Leipzig. Ann. 1695. pag. 184.

LXXIII.*

G.G.L. *Responsio ad nonnullas difficultates D. Bern. Nieuwentyt circa Methodum Differentialem seu Infinitesimalem, motas.*

Journal de Leipzig. Ann. 1695. pag. 310 et 369.

LXXIV.*

Système nouveau de la Nature et de la Communication des substances, aussi bien que de l'Union qu'il y a entre l'Âme et le Corps.

Journal des Savants du 27 Juin et du 24 Juillet 1695. Voyez encore ci-dessous les N. 79, 80, 87, 117, 133, etc. qui contiennent les Objections qu'on fit d'abord contre le Système de M. Leibnitz, et ses Réponses. Cette matière a fait tant de bruit, et est si connue, qu'elle parait épuisée.

LXXV.*

G.G.L. *De novo usu Centri Gravitatis ad Dimensiones, et speciatim pro Areis inter Curvas Parellas descriptas; seu de Rectangulis Curvilianeis, ubi et de Parellis in universum.*

Journal de Leipzig. Novemb. 1695. pag. 493.

LXXVI.*

G.G.L. *Relatio ad Inclytam Societatem Leopoldinam Nat. Curios. de Novo Antidysenteriso Americano, magnis successibus comprobato.*

Journal de Leipzig. Ann. 1695. Decemb. pag. 559.

LXXVII.

Lettre sur la Connexion des Maisons de Brunswick et d'Este. 1695. in 4.

Il en est fait mention dans le Journal des Savants du 12 Mars 1696. Cette Lettre fut bientôt traduite en Italien par l'Abbé Guidi. M. Leibnitz, comme il a été remarqué dans l'Histoire de sa Vie, l'écrivit à l'occasion du Mariage du Duc de Modene avec la Fille ainée de Jean Fréderic Duc de Brunswick-Lunebourg. On l'a r'imprima en 1698 in 12.

LXXVIII.*

G.G.L. *ad Acta Decemb. 1695. pag. 577 et seq. Annotatiuncula.*
Journal de Leipzig. Mars 1696. pag. 145.

LXXIX.*

Eclaircissement du Nouveau Système de la Communication des substances, pour servir de Réponse à ce qui en a été dit dans le Journal des Savants du 12 Sept. 1695.
Journal des Savants du 2 et du 12 Avril 1696.

LXXX.*

Remarques sur l'Harmonie de l'Âme et du Corps.
Histoire des Ouvrages des Savants. 1696. pag. 274.

LXXXI.*

Dissertation sur l'Origine des Germains.
Dans le Nouveau Journal des Savants de Berlin, de l'an 1696.

LXXXII.*

Lettre de M. Leibnitz, sur son Hypothese de Philosophie, et sur le Problème curieux qu'un de ses Amis propose aux Mathématiciens; avec une Remarque sur quelques Points contestés entre l'Auteur des Principes de Physique, et celui des Objections contre ces Principes.
Journal des Savants du 19 Novembre 1696.

LXXXIII.

Specimen Historiæ Arcanæ, sive Anecdota de Vita Alexandri VI Papæ. Hanoveræ, 1696 in 4.

Ce Morceau, que M. Leibnitz a accompagné d'une bonne Préface, est tiré d'une Histoire de ce Pape, écrite par Jean Burchard son Maitre des Cérémonies. Il n'en avait que cette partie lorsqu'il la fit imprimer. La Vie entière lui tomba depuis entre les mains, et il était prêt de la donner au Public quand il est mort. Voyez Journal de Leipzig, Jul. Ann. 1717. pag. 332. M. Fabricius, *Hist. Biblioth. Propr.* Part. 5. pag. 477.

LXXXIV.*

G.G.L. *Communicatio sua pariterque duarum alienarum ad edendum sibi primum à D.J. Bernoullio, deinde a D. March. Hospitalio communicatarum Solutionem Problematis Curvæ celerrimi descensûs à D.J. Bernoullio Geometris publice propositi, una cum Solutione sua Problematis alterius ab eodem postea propositi.*

Journal de Leipzig. Ann. 1697. pag. 201.

LXXXV.*

Excerpta ex Epistola ad Actorum Lipsiensium Collectores.

Journal de Leipzig. Ann 1697. pag. 254.

LXXXVI.*

Lettre à M. l'Abbé Nicaise, sur la Philosophie de Descartes, avec des Réflexions.

Journal des Savants du 17 Juin 1697. Cette Lettre est ici plus ample qu'elle ne parut dans le même Journal du 13 Avril 1693. Voyez l'Article suivant.

LXXXVII.*

Réponse aux réflexions précédentes touchant les Conséquences de quelques endroits de la Philosophie de M. Descartes.
Journal des Savants du 19 et 26 Août 1697.

LXXXVIII.

Novissima Sinica, Historiam nostri Temporis illustrantia, edente G.G.L. 1697 in 8.

On en trouvera l'Extrait dans les Actes de Leipzig, Ann. 1697. pag. 491. C'est une Piece où M. Leibnitz expose les avantages qu'il s'assure que l'on retirera de la permission Qu'obtinrent alors les Missionnaires de demeurer à la Chine.

LXXXIX.

G.G. *Leibnitii Accessiones Historicæ, quibus utilia Superiorum Temporum Historiis illustrandis Scripta, Monumentaque nondum hactenus edita, in iisque Scriptores diu desiderati continentur.* Lipsiæ 1698 in 4.

Accessionum Historicarum Tom. II, continens potissimum Chronicon Albertici Monachi Triumfontium. Hannoveræ 1698 in 4.

Mrs. les Journalistes de Leipzig donnèrent un Extrait de cet Ouvrage dans leur Journal de la même année pag. 149 et 353. Voyez aussi Fabricius *Histor. Bibl. Propr.* Part. 5. pag. 236.

XC.*

Eclaircissement des Difficultés que M. Bayle a trouvées dans le Système nouveau de l'Union de l'Âme et du Corps.
Histoire des Ouvrages des Savants, Juillet 1698. pag. 329. Ajoutez les Réponses qu'y a fait M. Bayle dans son Dictionnaire, Article *Rorarius,* Tom. 4. pag. 85.

XCI.*

G.G.L. *De ipsâ Naturâ, sive de Vi insitâ, actionibusque Creaturarum, pro Dynamicis suis confirmadis, illustrandisque.*
Journal de Leipzig. Sept. 1698. pag. 427.

XCII.*

Extrait d'une Lettre sur la Réformation du Calendrier Grégorien, adressée à Mrs. de l'Acad. Royale des Sciences de Paris, datée de Hannover le 26 Fev. 1706.
Dans un Livre intitulé, Recueil de Litérature, de Philosophie, et d'Histoire, imprimé à Amsterdam 1730 in 12. pag. 147.

XCIII.*

G.G.L. *Responsio ad D. Nic. Fatii Duillerii imputationes. Accessit nova Artis Analytica promotio Specimine indicata, dum designatione per Numeros assumptitios loco Litterarum, Algebra ex Combinatoriâ Arte lucem capit.*
Journal de Leipzig. Mai 1700. pag. 198. Nous en avons fait mention.

XCIV.

G.G. Leibnitii *Mantissa Codicis Juris Gentium Diplomatici.* Hannoveræ 1700 in fol.
C'est un Supplément au Code Diplomatique du Droit des Gens cité au N. LXII. Nous en avons parlé dans la Vie de l'Auteur.

XCV.*

De Principiis Juris observationes à G.G.L.

Dans le Journal Allemand de M. Eccard, intitulé *Aussug neuer Bücher*, et imprimé à Hannover en 1700, année du commencement de ce Journal.

XCVI.*

Responsoria Epistola de Methodo Botanica ad Dissert. A.C. Gackenholzii.

Ibidem. Ann. 1701.

XCVII.*

Annotationes de iis qua secundum Jus Gentium modernum ad Majestatem Regiam requiruntur, occasione Coronationis Regis Prussiæ.

Ibidem. Ann. 1701.

XCVIII.*

Nota in Specimen Schilteri Glossarii Alemanici.

Ibidem. Ann. 1701.

XCIX.*

Dissertatio de Nummis Gratiani Augusti cum GLORIA NOVI SÆCULI.

Ibidem. Ann. 1701. Cette Dissertation a été depuis inserée dans l'Ouvrage du P. Banduri intitulé *Bibliotheca Nummaria*, à Hamb. 1719 in 4. Consultez aussi M. Fabricius, *Histor. Bibl. Propr.* Part 5. pag. 248.

C.*

Extrait d'une Lettre de M. Leibnitz à M. Pinson, Avocat.

Journal de Trevoux, ou, Mémoires pour servir à l'Histoire des Sciences et des Beaux Arts. Ann. 1701.

CI.*

Lettre sur divers points de Litterature.
Journal de Trevoux. Janv. 1701. pag. 177.

CII.*

Extrait d'une Lettre de M. Leibnitz, sur ce qu'il y a dans les Mémoires de Janv. et de Fevr. 1701, touchant la Génération de la Glace, et touchant la Démonstration Cartésienne de l'Existence de Dieu par le P. Lamy Benedictin.
Journal de Trevoux. Sept. 1701. pag. 200.

CIII.*

Mémoire de M. Leibnitz touchant son sentiment sur le Calcul Differentiel.
Journal de Trevoux. Nov. 1701. pag. 270.

CIV.*

Specimen novum Analyseos pro Scientia Infiniti circa Summas et Quadraturas, Auct. G.G.L.
Journal de Leipzig. Mai 1702. pag. 210. C'est ici un Morceau très curieux, qui renferme une Méthode générale qu'avait trouvée M. Leibnitz quelques années auparavant, pour intégrer les Grandeurs.

CV.*

Lettre à M. Varignon, contenant ce qu'on a rapporté de lui sur le Calcul Differentiel, dans les Mémoires de Travaux, Nov. 1701.
Journal des Savants du 20 Mars 1702.

CVI.*

Continnatio Analyseas Quadraturarum Rationalium edi cœpta

in his Actis Erud. Maj. 1702, *per* G.G.L.
Journal de Leipzig. 1703. Janv. pag. 19.

CVII.*

Remarques sur un endroit des Eléments d'Algèbre de M. Ozanam.
Journal des Savants du 11 Juin 1703.

CVIII.*

Explication de l'Arithmétique Binaire qui se sert des seuls Caractères o et 1, avec les Remarques sur son utilité, et sur ce qu'elle donne le sens des anciennes Figures Chinoises de Fohi, par M. Leibnitz.

Mémoires de l'Académie Royale des Sciences, Ann. 1703. pag. 85 de l'Edition de Paris. Nous avons donné l'Analyse de ce Morceau. M. De Lagny trouva à peu près dans le même temps que M. Leibnitz, cette Invention. Consultez aussi M. Wolffius à la pag. 21 de ses Eléments de Géométrie, écrits en Latin.

CIX.*

Considérations de M. Leibnitz sur les Principes de Vie et sur les Natures Plastiques.
Histoire des Ouvrages des Savants, Mai 1705. pag. 222.

CX.

Information sommaire pour la succession de sa Majesté Prussienne aux Comtés de Neufchâtel et de Wallengin, in Folio.

Cet Ecrit Politique de M. Leibnitz, dont nous avons parlé en son lieu, est fort rare. Il fut imprimé d'abord en Hollande sans nom d'Auteur, de Lieu d'Imprimeur, et sans date. Je crois cependant que ce fut en 1706.

CXI.*

G.G.L. *De Linea super Linea incessu, ejusque tribus speciebus, Motu radente, Motu provolutionis, et Motu composito ex ambobus.*

Journal de Leipzig 1706. Janv. pag. 10.

CXII.*

Excerptum ex Epistola G.G.L. *quam pro sua Hypothesi Physica Motus Planetarii olim* (*Febr.* 1689.) *in Act. Erud. inserta ad Amicum scripsit.*

Journal de Leipzig. Octob. 1706. pag. 446.

CXIII.*

Epistola de Hickesii Thesauro Linguarum Septentrionalium, Anno 1706, *ad O.M. data.*

Journal de Leipzig. Tom. 4. Supplém. pag. 236.

CXIV.*

Epistola G.G.L. *ad V.Cl.Chr.Wolssium Prof. Math. Hal. circa Scientiam Infiniti.*

Journal de Leipzig. Supplém. Tom. 5. pag. 264.

CXV.*

Remarques sur l'Article V. des Nouv. de la Répub. des Lettres du mois de Fevrier 1706, où il y a des erreurs de fait qui regardent M. Leibnitz.

Nouvelles de la République des Lettres Nov. 1706. pag. 521.

CXVI.*

Mémoire sur les Pierres qui renferment des Plantes et des Poissons desséchés. Par M. Leibnitz.

Histoire de l'Acad. Royal. des Sciences Ann. 1706. pag. 11 de l'Edit. de Paris. M. Leibnitz ayant vu dans l'Histoire de l'Acad. Roy. des Scienc. de l'Ann. 1703 une Relation de ces Pierres tirées dans le Veronois, qui renferment des Plantes et des Poissons dessechés, communiqua de son côté à l'Académie, des Exemples semblables pris de son pays.

CXVII.*

Lettre de M. Leibnitz à l'Auteur des Réflexions sur l'Origine du Mahometisme.

Cette Lettre est inserée dans le Livre intitulé, Dissertations Historiques sur divers sujets. Rotterdam 1707 in 12. pag. 164. Elle est datée de Berlin du 2 Decemb. 1706, et roule toute sur la Socinianisme et le Mahometisme.

CXVIII.*

Lettre de M. Leibnitz sur quelques faits qui le regardent, mal expliqués dans l'Eloge de M. Bernoulli, prononcé à l'Acad. Roy. des Sciences.

Journal de Trevoux. Ann. 1707. Mars, pag. 540.

CXIX.

Scriptores Rerum Brunsvicensium illustrationi inservientes, Antiqui omnes, et Reformatione priores. Opus in quo nonnulla Chronica hujus, vicinarumque Regionum, et Urbium, Episcopatuumque, ac Monasteriorum, præsertim Ostfaliæ; Res estiam Arestinorum, Longobardiæ, et Guelforum superioris Germania; Vita item Hominum illustrium, aut Principum; omnia magno studio, sumptuaque conquisita etc. continentur Cura Gotofr. Gul. Leibnitii. Hannoveræ 1707 in folio. 3 Tomes.

Le premier Tome de cette Collection parut en 1707, le second en 1710, et le troisième en 1711. On a donné des Extraits de cet Ouvrage, dont les grandes Bibliothèques ne peuvent guères se passer, dans le Journal de Leipzig, Ann. 1707. pag. 460. Ann. 1712. pag. 138. De même que dans le Journal des Savants Ann. 1708 et 1713. Et dans celui de Trevoux Ann. 1708 et 1712. Nous en avons aussi fait mention.

CXX.*

Remarques sur un endroit des Mémoires de Trevoux.

Dans ledit Journal, Mars 1708. Article 35. pag. 488.

CXXI.*

De Reformatione Jurisprudentiæ nostræ ad Henr. Ern. Kestnerum Epistola. Ann. 1708.

Dans l'Ouvrage de M. Kestnerus intitulé, *Discursus de Principiis Jurisprudentiæ Modernæ in paucula Capit redigendis.* Rintelli 1710. Voyez Fabricius dans l'Hist. de sa propre Bibliothèque, pag. 146. Par. I.

CXXII.*

Anonymi Sententiæ de Tractatu Cl. V. Sam. Puffendorffi qui inscribitur de Officio Hominis et Civis.

Inseré, je crois, sans la permission de l'Auteur, dans le Programme Académique de Just. Christophe Boëhmer, fait en 1709 in 4. et dans le Journal Allemand intitulé *Der Büchersaal.* Cependant cette Brochure n'étant que peu ou point connue ailleurs, elle a été traduite en Français par M. Barbeyrac avec d'excellentes Remarques de sa façon. Voyez le

Tome a du Traité du Puffendorf, *Des Devoirs de l'Homme et du Citoyen*. Edit. de 1718. pag. 429.

CXXIII.*

Réponse aux Objections que le P. Lamy Benedictin a faites contre le Système de l'Harmonie Préétablie.
Supplément du Journal des Savants, Mois de Juin 1709.

CXXIV.*

G.G.L. *Brevis designatio Meditationum de Originibus Gentium, ductis perissimum ex indicio Lingnarum.*
Mélanges de Berlin nommés en Latin *Miscellanea Berolinensia.* Berolini 1710. in 4. pag. 1. Nous avons donné l'Analyse de cette Piece.

CXXV.*

G.G.L. *Oedipus Chymicus Ænigmatis Graci et Germanici.*
Ibidem. pag. 16.

CXXVI.*

G.G.L. *Annotatio de quibusdum Ludis, in primis de Ludo quodam Sinico, differentiaque Stachici et Lutrunculorum, et novo genere Ludi Navalis.*
Ibidem. pag. 22.

CXXVII.*

G.G.L. *Historia Inventionis Phosphori.*
Ibidem. pag. 91. Il s'agit de l'Inventeur du Phosphore Brulant. Nous avons rendu compte de ce Morceau.

CXXVIII.*

Epistola G.G.L. *ad Autorem Dissertationis de Figuris Animalium qua in Lapidibus observantur, et Lithozoorum nomine venire possent.*

Ibidem. pag. 118.

CXXIX.*

G.G.L. *De Elevatione Vaporum et de Corporibus quæ ob cavitatem inclusam in aere natare possunt.*

Ibidem. pag. 123.

CXXX.*

G.G.L. *Annotatio de Luco quam quidam Aureram Borealem vocant.*

Ibidem. pag. 137.

CXXXI.*

Symbolismus memorabilis Calendi Algebraici et Infinitesimalis in comparartem Potentiaram et Differentiarum; et de Lege Homogeneorum Transcendentiali.

Ibidem. pag. 160.

CXXXII.*

G.G.L. *Constructio Problematis discendi rectas que tangent Lineas Centrorum gravitatis.*

Ibidem. pag. 170.

CXXXIII.*

G.G.L. *Annotatio de Arte Norinbergensi specula vitrea consiciendi sine foliis.*

Ibidem. pag. 263.

CXXXIV.*

G.G.L. *Tentamen de Natura et Remediis resistentiarum in Machinis, quæ a Corporum superincessu oriuntur, occasione Dissertationis præcedentis ejusdem Argumenti.*

Ibidem. pag. 307.

CXXXV.*

G.G.L. *Brevis Descriptio Machina Arithmetica cum Figura.*

Ibidem, pag. 317. Il s'agit ici de sa fameuse Machine Arithmétique qu'il inventa fort jeune, et qu'il montra en 1673 à la Société Royale de Londres. Peu de temps après, l'ayant perfectionnée davantage, il la communiqua à l'Académie des Sciences de Paris. Mrs. Tschirnaus, Huygens, et Thevenot, estimaient beaucoup cette Invention, que l'Auteur n'a pu finir avant sa mort. Nous en avons dit un mot.

CXXXVI.*

Ephemerides Barometrica, Mutina olim editæ à B. Ramazzini, tunc Patavii recusæ, cum teta controversiâ quam idem habuit cum D.C. Gunth. Schelhamero. Accedit nova Epistola ejusd. Ramazzini cum Solutione Problematis inter ipsos agitati, ex Invento G.G.L. Patavii 1710 in 12.

On en a parlé dans le Journal de Leipzig. Ann. 1711. pag. 10. Ann. 1721. pag. 494.

Ann. 1728. pag. 436.

CXXXVII.*

Jo. Adlzreister à Tetenweis Annalium Boica Gentis Part. III. cum Præfat. God. Gul. Leibnitii. Francof. 1710 in folio.

La Préface que M. Leibnitz a mise à cet Ouvrage est

remplie de bonnes Remarques sur les Historiens de Bavière, et sur l'origine de la Nation. Il nous y apprend en passant, que Marc Velser est le véritable Auteur du *Squitinio della Liberta Veneta*, et que ceux-là se trompent, qui avec M. Bayle, l'attribuent au Marquis De la Cueva. À propos de véritable Auteur, disons aussi, que le P. Fervaux est l'Auteur de cet Ouvrage-ci, qui par de certaines raisons particulières passe sous le nom du Chancelier Adlzreistter. Je ne me ressouviens point où j'ai appris cette particularité, mais certainement je l'ai lue quelque part.

CXXXVIII.

Essais de Théodicée sur la Bonté de Dieu, la Liberté de l'Homme, et l'Origine du Mal. Amsterdam 1710. 2 vol. 12. Première Edition.

Item 1714. 2 vol. 1720. 2 vol. et actuellement 1734. 2 vol. sans compter les Editions des Pays Etrangers, et les Traductions qu'on en a fait en Latin et en Allemand. Nous avons parlé assez au long de cet Ouvrage.

CXXXIX.*

Trois Lettres à M. Hartzoeker sur la Dureté des Corps.

Journal de Trevoux 1712. Mars. Art. XL. pag. 494. Avril. Art. LII. pag. 676.

CXL.*

G.G.L. *Observatio quod Rationes seu Proportiones non habeant locum circa Quantitates nibilo-minores, et de vero sensu Methodi Infinitesimalis.*

Journal de Leipzig. 1712. pag. 167.

CXLI.*

Remarques sur la VI Lettre Philosophique imprimée à Trevoux en 1703.

Journal de Trevoux. Juillet 1712. Art. CV. pag. 1235.

CXLII.*

Lettre de M. Leibnitz à M. Des Maizeaux, sur son sytème de l'Harmonie Préétablie.

Histoire Critique de la Répub. des Lettres de M. Masson. Tom. 2. pag. 72.

CXLIII.*

Réponse aux Réflexions contenues dans la 2 Edit. du Diction. de M. Bayle Art. Rorarius, sur le Système de l'Harmonie Préétablie.

Ibidem. pag. 78.

CXLIV.

L'Anti-Jacobite, en fausseté de l'Avis aux Propriétaires Anglais, réfuté par des Raisons impartiales. Hannover 1714 in 12.

C'est une Réponse de M. Leibnitz à quelques Ecrits qui avaient paru en Angleterre contre la Religion Luthérienne, dans le dessein d'inspirer de la haine pour le Roi George I. qui venait de monter sur le Trône. On peut juger de-là que cette Brochure n'a rien qui nous intéresse aujourd'hui.

CXLV.*

Remarques sur les Horloges.

Inserées à la fin des Règles Artificielles du Temps par M. Sully. Vienne 1714 in 12. Voyez aussi Journal de Trevoux 1718. Mars. pag. 155.

CXLVI.*

Lettre de M. Leibnitz à M. l'Abbé de S. Pierre, sur un Chien qui parle.

Rapportée dans l'Histoire de l'Académ. Roy. des Scienc. Ann. 1715. pag. 2. de l'Edit. de Paris. Voyez aussi Bibliotheque Germanique, Tom. 2. pag. 214.

CXLVII.*

Eloge Critique des Oeuvres de Mylord Shafstbury.

Histoire Critiq. de la Républ. des Lettres, Tom. 10. pag. 306.

CXLVIII.*

Remarques sur le Premier Tome des Nouvelles Littéraires de la Haye.

Au Tome 2 desdites Nouvelles. pag. 289.

CXLIX.

G.G.L. *De Origine Francorum Disquisitio.* Hannoveræ 1715 in 12.

Il composa d'abord en Latin ce petit Ouvrage dont nous avons parlé dans sa Vie, et ensuite il en donna une Traduction Françoise excellente, qui se trouve inserée dans le Recueil de Diverses Pieces sur la Philosophie, etc. rassemblées par M. Des Maizeaux. L'Original Latin, mis au jour pour la 2e. fois à Francfort en 1720, et augmenté d'une Réponse aux Objections de quelques habiles gens, parut à la suite du Livre in folio de M. Jean George Eccard, intitulé *Leges Francorum et Ripuariorum.* Cette Réponse aux Objections de quelques habiles gens, regarde principalement les difficultés que lui avait proposées le R.P. Tournemine dans le Journal de Trevoux, comme aussi celles que lui avait faites M. Gundlingius Professeur en Eloquence dans l'Université de Hall. Au reste ceux qui seront curieux de s'instruire de ce qu'on a publié de meilleur autrefois sur l'Origine des Français, doivent lire les Ouvrages qu'ont donné à ce sujet, Vignier, Audigier, Cluvier, et Pontanus, dont les deux premiers ont écrit en Français, et les deux autres en Latin, sous les Titres suivants. I. *Nicolas Vignier*, l'Origine, Estat, et Demeure des Anciens François. Troyes 1582 in 4 rare. II. *Audigier*, L'Origine des Français et de leur Empire. Paris 1676 in 4. III. *Phil. Cluverius*, Disquisitio de Francia et Francis. Amst 1642 in 12. IV. *Joh. Isaacus Pontanus*, de Gallorum Origine. Hardervici 1616 in 4.

CL.

Réponse du Baron de la Hontan à la Lettre d'un Particulier opposée au Manifeste du Roi de la Grande Bretagne comme Electeur d'Hannover contre la Saxe. 1716 en 8.

Brochure de Politique qui n'interesse plus à présent.

CLI.

Histoire de Bileam.

Brochure de Théologie, qui contient 19 pages d'un petit in 12, sans nom d'Auteur, d'Imprimer, ni du Lieu de l'impression, et sans date. Ignorant le temps où elle a paru, je la range ici pour faire la clôture des Ouvrages qu'a donné M. Leibnitz pendant sa vie. Il s'agit *de l'Histoire de Balaam* (Prophete ou Devin de la Ville de Péthor sur l'Euphrate) rapportée dans l'Ecriture Sainte au Livre des Nombres Chap. XXII,

XXIII, XXIV etc. M. Leibnitz l'a intitulée *Histoire de Bileam*, en lisant le mot Hébreu à la façon des Massoretes. Mais la difficulté n'est pas dans la manière de lire le nom de Balaam, cela importe peu: elle consiste dans l'explication de l'Histoire même, qui partage tous les Commentateurs de l'Ecriture, Anciens et Modernes. On demande, si ce que raconte Moyse, de Balaam, et principalement de son Dialogue avec l'Anesse, est arrivé réellement et à la lettre, comme le Texte semble le marquer, ou si c'est une Allégorie, une Vision, un Songe. M. Leibnitz, sans entrer dans la discussion de ces deux sentiments, embrasse la dernière interpretation, et croit qu'il n'y a rien dans les paroles du Texte qui y soit contraire.

Oeuvres Posthumes

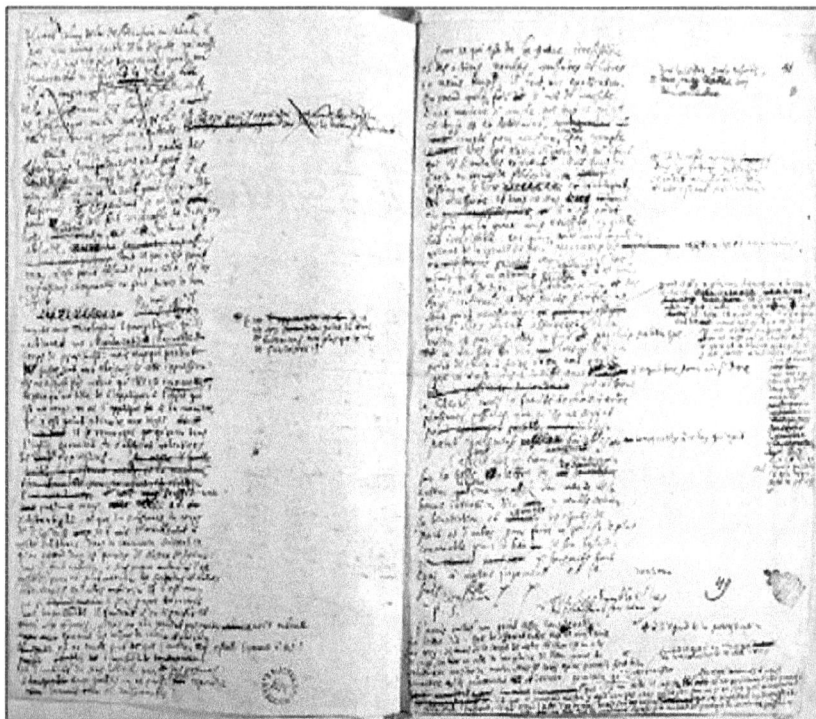

Correspondence de Leibnitz.

I.*

Notitia de Historia Brunsvicensi quam edere parabat G.G. Leibnitius.

Journal de Leipzig, Ann. 1717. pag. 360. Cette Notice, dont nous avons donné l'Extrait dans la Vie de l'Auteur, ne renferme qu'un Sommaire du Plan qu'il se proposait de suivre dans l'Histoire de Brunswick à laquelle il travaillait.

II.

Illustris Viri G.G. Leibnitii *Collectanae Etymologica, illustrationi Linguarum Veteris Celticæ, Germanicæ, Gallicæ, aliarumque inservientia, cum Præfatione Joh. Georgii Eccard.* Hannoveræ 1717 in 8. 2 vol.

Il est question dans cet Ouvrage, auquel M. Jean George Eccard a eu beaucoup de part, de l'Origine des Langues de divers Peuples, et de la liaison que ces Langues ont entre elles. Ce n'est point ici un Traité méthodique sur ce sujet, c'est une Collection de Remarques, des Lettres, et d'autres Pieces qui y ont un rapport direct, ou indirect. Mrs. les Journalistes de Leipzig en ont donné un Extrait dans leur Journal de l'année 1717, pag. 317, auquel on peut recourir, de même qu'à l'Extrait qu'en ont fait Mrs. les Journalistes de Paris dans le cours de la même année, mois de Decembre, pag. 655, et Janvier 1718, pag. 3 de l'Edition d'Hollande.

III.

A Collection of Papers which passed between the late learned M. Leibnitz *and Dr. Clarcke etc.* C'est-à-dire, *Recueil de divers Ecrits de Mrs.* Leibnitz *et Clarcke, sur quelques Principes de*

Philosophie et de Religion Naturelle (en Anglais et en Français.) *Londres* 1717 in 8.

Le même Recueil a été traduit en Allemand, et imprimé à Francfort in 8. avec des Notes de M. Kolhoër.

IV.*

Problema Posthumum ab Incomparabili Viro, perillustri, Dom. G.G. Libero Baroni de Leibnitz, *Mense Septembri Anni* 1716, *paulo ante mortem suam missum, et commissum solutioni R.P. Augustini Thoma à S. Josepho, Ordinis Scholarum Piarum Decani.* b x + 1 = yy.

Ce Probleme qui regarde l'Arithmétique, et qu'avait donné M. Leibnitz peu de temps avant sa mort, se trouve avec la Solution du R. Pere dans le Journal de Leipzig, Ann. 1717. pag. 353.

V.

Otium Hannoveranum, sive Miscellanea ex ere et schedis illustris Viri pia memoria G.G. Leibnitii *quandam notata, et descripta, cum ipsi in colligendis et excerpendis rebus ad Historiam Brunsvicensem pertinentibus operam navaret Joach. Franc Fellerus.* Lipsiæ 1718 in 8.

C'est un Recueil où il y a du bon, mais beacoup plus de mauvais, d'ailleurs mal-digéré, rempli de fautes, et contenant quantité de lambeaux de Lettres, ou pieces rapportées, que le bon goût indiquait de supprimer. Quoique M. Feller, Editeur de cette Collection, n'eût fréquenté M. Leibnitz que pendant trois ans, on peut dire cependant qu'il n'a rassemblé que la moindre partie des belles pensées, ou des choses curieuses qu'il lui eût été vraisemblablement facile de recueillir et de publier. M. Jean George Eccard avait promis des *Leibnitiana*, qui auraient sans doute été d'une tout autre valeur s'il eût exécuté son dessein.

VI.*

Remarques sur les Horloges.
Dans le Journal de Trevoux, Mars 1718. pag. 155.

VII.*

Principes de la Nature et de la Grace, fondées en raison, par feu M. le Baron de Leibnitz.

Europe Savante, Ann. 1718. pag. 101. C'est une Brochure sur la Philosophie et la Religion Naturelle, que fit M. Leibnitz étant à Vienne en 1714. On a traduit en Allemand cette Brochure en 1720, sous le titre de *Monadologie.* Elle se trouve aussi en Latin dans le Supplément du Journal de Leipzig, Ann. 1721.

VIII.*

Lettre de M. Leibnitz à M. Arnaud, où il lui expose ses sentiments particuliers sur la Métaphysique, et sur la Physique.

Mémoires de Litterature du P. Des Molets. Tom. VIII. pag. 211.

IX.*

Annotatiuncula subitanea ad Librum de Christianismo Mysteriis carente.

Dans le second Volume des Oeuvres Posthumes de Toland, Auteur du Livre en question.

X.*

Monumenta varia inedita Joach. Freder. Fellori. Lipsiae 1724 in 4.

Dans ce second Recueil de M. Feller, publié en 1724, on trouve les Pieces suivantes de M. Leibnitz.

I. *Lettre sur le Péché Originel.* pag. 1. II. *De Historia Juris Canonici scribenda ad Arnoldum Blumium Epistola.* pag. 3. III. *Excerpta ex Epistolis Leibnitzii.* pag. 111. IV. *De Scriptis Cominianis ad Hesenthalermum Prof. quondam Tubingensem Epistola.* pag. 112. V. *Brevis Disquisitis utrum incolas Germania citerioris aut Scandia ex alterius initio profectos verisimilius sit judicandum.* pag. 132. VI. *Epitre en Vers à Madame Scuderi, à la louange de Louis XIV.* pag. 163.

VII. *De ratione perficiendi et e mendandi Encyclopædiam Alstedianam Epistola.* pag. 214. VIII. *De utilitate Grammaticæ Cylindriaca Alberti van Holten ad Amicum Epistola.* pag. 217. IX. *Trois Lettres sur differentes matières.* pag. 253. 280. X. *Réflexions sur l'esprit sectaire.* pag. 519. XI. *Observationes varia de Linguis et Origine Vocabulorum, nec non de concinnando Dictionario, et perpolienda Lingua Germanica.* pag. 549. XII. *Observatio de variis Ludis.* pag. 642. XIII. *Observatio de Superstitionibus quibusdam Slavorum.* pag. 693.

A tous les Ouvrages de M. Leibnitz, rassemblés ici, on se flatte avec quelque soin et quelque exactitude, on peut ajouter ses Lettres Latines imprimées dans les Oeuvres Mathématiques du Dr. Wallis. Mais ce qui ne fera pas moins intéressant, on nous fait esperer aujourd'hui un ample Recueil d'autres de ses Lettres à divers Savants, qui n'ont point encore vu le jour. Quand elles paraitront, elles nous fourniront apparemment de nouvelles particularités sur la Vie de ce grand Homme, dont nous nous attendons bien de profiter.

Tous ceux qui auront parcouru présentement ce long Catalogue des Productions de M. Leibnitz, et qui en même temps seront au fait du peu d'étendue qu'ont la plupart des morceaux qui le composent, ne pourront s'empêcher de réflechir sur le dommage qu'il y a que ce grand Homme ne se soit pas fixé et ramassé davantage. En travaillant plus solidement pour le Public, il eût consacré un monument plus durable à sa gloire, qu'il semble avoir oublié, en n'opposant à l'injure des temps que des feuilles volantes. Au reste, il parait s'en être apperçu lui-même ensuite, mais trop tard; car dans une Lettre qu'il écrivit en 1714, à son Ami M. Remond de Montmaur, il lui mande, que s'il croyait que quelque Libraire voulût former un Volume des Pieces de sa main, qui se trouvent parsemées dans tous les Journaux de l'Europe, il lui en indiquerait les endroits. Ce qu'il n'a pas fait, et qu'il eût pu mieux faire que personne, on vient de l'exécuter ici. C'est un Ouvrage simplement de recherches et de travail; l'Auteur ne demande pas qu'on lui en tienne d'autre compte.

FIN.

ALSO FROM CARRIGBOY

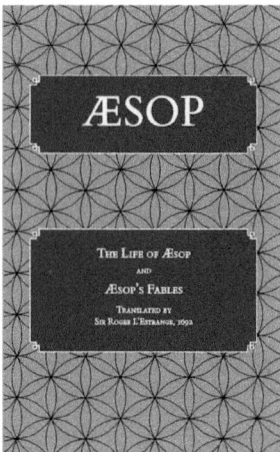

RING OF BRIGHT WHISKY

The nostalgic, humorous, poignant –
and true – account of the adventures in
the Seventies of a successful PR man
to an underwear company in the City
who, after opting-out of the rat-race to
a life of self-sufficiency in the wilds of
the Scottish Highlands, finds that all the
authors of all the books that have fed
his dreams only seem to have told half
the story. This book sets out to tell the
other half.

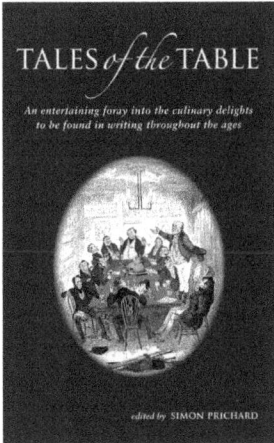

ISBN 978-1-910388-05-1

TALES OF THE TABLE

is a book for Foodies, a book for those
of us with an 'ardent or refined interest
in food and alcoholic beverages', a book
that will take you on a delightful and
entertaining tour of gastronomic and
literary miscellany over the years.

Not so much an anthology of how
food, drink and dining have featured
in stories, diaries, poems and plays
throughout history, Tales of the Table is
better described as a not-quite-random
collection of bits and pieces that please
and delight; or, a shameless wallow in
descriptions of sensual gratification!

ISBN 978-1-910388-11-2

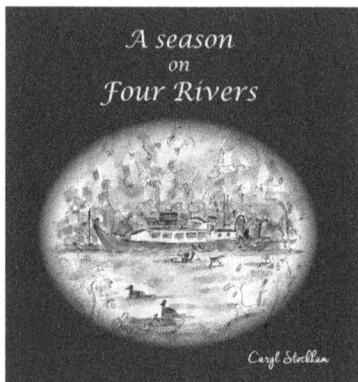

A season
on
Four Rivers

Caryl Stockham

ISBN 978-1-910388-17-4

A SEASON ON FOUR RIVERS

The London artist and sculptor Caryl Stockham lived for many years on an old converted wooden sailing boat called 'Four Rivers', moored above Hampton Court on the River Thames at Ash Island.

A season on Four Rivers captures all the joys, frustrations and seeming magic of Caryl's time on the river through one glorious year, illustrated by 27 original and beautiful watercolours.

Filled with humour and keen observation, *A season on Four Rivers* is a genuinely delightful read.

www.ingramcontent.com/pod-product-compliance
Lightning Source LLC
Chambersburg PA
CBHW061427040426
42450CB00007B/930